古代歷史文化研究輯刊

十三編

王明蓀 主編

第24冊

楚文化所表現的楚玉特色：
以曾侯乙墓玉器爲例

梁蘭菁 著

國家圖書館出版品預行編目資料

楚文化所表現的楚玉特色：以曾侯乙墓玉器為例／梁蘭莒 著
-- 初版 -- 新北市：花木蘭文化出版社，2015〔民104〕
目 2+184 面；19×26 公分
（古代歷史文化研究輯刊 十三編；第 24 冊）
ISBN 978-986-404-034-6（精裝）
1. 玉器 2. 戰國時代
618   103026964

ISBN-978-986-404-034-6

古代歷史文化研究輯刊
十三編　第二四冊   ISBN：978-986-404-034-6

楚文化所表現的楚玉特色：以曾侯乙墓玉器爲例

作　　　者　梁蘭莒
主　　　編　王明蓀
總 編 輯　杜潔祥
副總編輯　楊嘉樂
編　　　輯　許郁翎
出　　　版　花木蘭文化出版社
社　　　長　高小娟
聯絡地址　235 新北市中和區中安街七二號十三樓
　　　　　　電話：02-2923-1455／傳真：02-2923-1452
網　　　址　http://www.huamulan.tw 信箱 hml 810518@gmail.com
印　　　刷　普羅文化出版廣告事業
初　　　版　2015 年 3 月
定　　　價　十三編 27 冊（精裝）台幣 52,000 元

楚文化所表現的楚玉特色：
以曾侯乙墓玉器爲例

梁蘭莒　著

作者簡介

梁蘭莒，臺北人，中國文化大學哲學系畢業，淡江大學歷史學系碩士。研究興趣為戰國玉器、楚式玉器、楚文化的生死觀。碩士論文為《楚文化所表現的楚玉特色：以曾侯乙墓玉器為例》，本書為碩士學位論文。現任職於其美文創事業有限公司。

提　　要

　　1978 年於湖北隨縣擂鼓墩發掘的曾侯乙墓，被譽為 20 世紀中國重大的考古發現之一。該墓中帶有大量且豐富的隨葬器物，其中精雕細琢、結構新穎的精美玉器，便多達五百多件，數量之大、品類亦多，再加上墓中玉器有明確的年代界標作用，極具有研究價值。曾國經考證，應為史料所記載的隨國，原為姬姓諸侯，但之後成為楚國的附庸國。隨國長久立邦於楚地，深受楚文化浸潤，在地理環境及歷史背景種種因素影響下，造就曾玉的獨特色彩。

　　楚人崇巫尚鬼，其所創造的玉雕，不論題材或是慣用的設計手法，都有其文化內涵，深具特色。曾侯乙墓位於楚文化核心的要津之地，察其玉器上的紋飾風格，具備豐富的楚式特點及濃厚的地域文化風格。除了地域色彩的彰顯之外，在春秋時期，因應時代風潮而興的「以玉比德」，到了戰國重視功利的時代風氣中，「以玉比德」反成為僭越禮制的「以玉比富」。僅是楚國附庸下的曾國，其墓中大量的隨葬品，更是彰顯了斯時「以玉比富」的炫耀之風。因此本文除以曾侯乙墓玉器中所見的楚文化特色為研究重點外，對於玉器上所顯露的時代特徵，亦是本文研究的旨趣所在。

　　本文透過文獻與考古資料的整理比對，發現曾玉的獨特之處外，更為深具楚風的漢玉，奠下了文化豐碩而多采多姿的基礎，是為本文研究的重要心得。

目

次

第一章　緒　論

第一節　研究動機

　　中華民族長久以來即以「愛玉、尊玉」著稱於世。「石之美者」爲玉，玉的溫潤剔透，深受國人喜愛讚賞。除了崇尚玉之美外，中國古代社會裡，玉器尙具有多種重要功能，是與政治、禮制結合在一起，如云：「在中華文明發展的歷史長河中，玉器是一顆璀璨的明珠，是中華文明的縮影。」〔註1〕在這源遠流長的中國玉文化中，隨著世代交替發展出不同階段的玉器文化，更因著地區的不同，有著獨特的色彩。以長江流域爲例，從史前時期的良渚文化玉雕，到東周時期的楚式風格以及明清兩代蘇州和揚州兩地區的玉器，都富有鮮明的地域特色，且在當時代佔有主要地位。〔註2〕玉器的發展除了時間上的區別外，對於空間上也有地方性的傳承特徵。

　　春秋戰國時期，政治上諸侯爭霸，學術裡百家爭鳴，社會秩序激烈動盪，是歷史上一個變革的時代。在開放的社會背景下，工藝美術也從這富有生氣的大時代環境中，激發出更多的創意靈感，爲玉器的發展奠立了良好的環境。此時期，廣佈於長江流域的楚國玉器，品種豐富，技藝精湛，甚具代表性。楚地巫風之盛，較同時期諸夏各國有過之而無不及。楚俗信鬼、崇巫、好祀，凡生活遇事，多藉玉所具靈性，通過巫覡求助於鬼神。如古來「以玉事神」之說，認爲玉器可通過巫術溝通天地、人鬼，取悅神明、祭祀祖先，是可趨

〔註1〕古方，《中國古玉器圖典》（北京：文物出版社，2007年3月），前言。
〔註2〕楊建芳，《長江流域玉文化》（武漢：湖北教育出版社，2006年6月），頁6。

吉避凶，帶來吉祥的器物。在充滿巫祝文化的長江流域裡，自有其發展溫床。楚玉便因此承載著世人崇巫好祀的風俗文化，帶著神秘的紋飾線條，在東周玉器中獨樹一幟。

　　楚玉多出自湖北、湖南、河南、安徽等地的春秋戰國墓中，其中在 1978 年湖北隨縣發掘的曾侯乙墓，帶有大量且豐富的隨葬器物，繁縟精美的青銅器、漆木器外，還有精雕細琢，結構新穎的精美玉器。此墓下葬年代為公元前 433 年或稍後，即戰國早期。該墓出土的玉器有明確的年代界標作用，且因數量多，品類亦多，製作精細講究，極具有研究價值。〔註3〕再者，曾國經考證，應為史料所記載的隨國，是一姬姓諸侯，但之後成為楚的附庸國。因此墓中曾玉遺留了中原的風格，可又因長久位於楚地，受楚文化浸潤，玉器上更反映出楚式玉雕特色，遂構成了本文研究的主要動機之一。

　　藉探索曾國歷史背景，及長期在楚國影響下所成就的曾玉之特色，冀希進一步了解斯時之用玉思想的因果關係，及其中所蘊含的文化內涵與風俗習尚，此亦本文研究的重要目的。

第二節　研究回顧

一、東周時期玉器研究

　　楊伯達認為春秋戰國時期的玉器，在中國古代玉器發展的歷程中，應為一嬗變期。從春秋時代墓葬所出土的玉器顯示，其特徵和西周晚期很相似。到了春秋中、後期，則有較明顯的變化。至戰國時代，玉器則以精美細緻見長，主要是因和闐玉大量進入中原，琢刻了許多佩飾，再加上鐵器的廣泛應用，雕琢出如曾侯乙墓中的多節珮和中山王陪葬坑出土的和闐墨玉帶鉤等精美玉器，〔註4〕為中國玉器發展史上的一重要關鍵地位。

　　古方則將東周時期出土玉器分作中原地區、關中地區和江淮地區介紹。按用途分作禮器、用具、裝飾品和藝術等四類。裝飾用玉是此時期最精美、數量品種最繁多的一類。其中出土於胸腹部的組玉佩極多，因此時期儒家所

〔註3〕郭德維，〈曾侯乙墓的玉器〉，刊《收藏家》（北京：北京市文物局，2001 年
　　　　12 期），頁 28。
〔註4〕楊伯達，〈中國古代玉器發展歷程〉，刊楊伯達，《古玉考》（香港：徐氏藝術
　　　　基金出版，1992 年），頁 22～36。

賦予玉器的種種道德觀念，已被當時人們所普遍接受，故各級貴族多有佩玉。春秋戰國時期繁瑣的組佩、精美繽紛的玉飾，是中國傳統玉器發展史的繁榮階段。〔註5〕

對於戰國時期玉器的相關研究，所見孫慶偉《戰國玉器》中，論述了各地區的玉器特色，以及玉器製作特徵、造型風格、紋飾表現等，再考察戰國時期的用玉制度，將其分爲禮瑞用玉、服飾用玉以及喪葬用玉。作者在後記提及：「凡知中國史者，均知戰國時代是一變革的時代。玉器不僅是單純的審美鑑賞之物，更可以作爲研究史料之一種。昔傅斯年先生曾謂『史學即是史料學』。」〔註6〕故在書中羅列近三百件較具代表之戰國玉器，從器物本身探討至史學層面的問題，對於了解戰國時期的風俗文化頗有幫助。

另外，王文浩、李紅所著的《戰國玉器》〔註7〕，從玉器的形成、琢工、紋飾等方面解析，書中展示的戰國圓雕玉鳳、玉龍形珮等，富有時代特色的器物，通過作者詳盡解析，配上清楚的圖示，清晰明瞭。除此，俞美霞的《戰國玉器研究》，對於玉器在社會發展間的關係，即各類玉器作用、紋飾的研究，和尤仁德〈戰國漢代玉雕螭紋的造型與紋飾研究〉，依其造型與紋飾舉例，歸納出戰國與兩漢螭紋在紋型上的特點。〔註8〕或是吳凡〈商至漢玉器紋飾的演變〉精要的說明商朝至漢代各期紋飾的特徵與變化〔註9〕等等諸多學者的相關研究，成果豐碩。

綜上所述，由多樣化的組佩，到創新的玉珮設計，可知春秋戰國時期爲玉器發展的一重要轉變期，學者除了對於紋飾、器形等變化進行研究外，亦深入探討受時代背景影響而產生的玉器特色，及其內所蘊含的精神文化，爲之後玉器發展所帶來的轉變和影響。

〔註5〕古方主編，《中國古玉器圖典》，頁4～6。

〔註6〕孫慶偉，《戰國玉器》（臺北：財團法人震旦文教基金會，民國96年9月），頁357。

〔註7〕王文浩、李紅，《戰國玉器》（北京：藍天出版社，2007年6月），作者將歷代藏玉圖錄及研究成果集結出版，計有《良渚玉器》、《西周玉器》、《春秋玉器》、《戰國玉器》及《漢代玉器》共五卷。

〔註8〕尤仁德，〈戰國漢代玉雕螭紋的造型與紋飾研究〉，刊《文物》，1986年9期，頁69～76。

〔註9〕吳凡，〈商至漢玉器紋飾的演變〉，刊《故宮文物月刊》（臺北市：國立故宮博物院，民國80年2月95期），頁24～37。

二、楚式玉器研究

　　以研究楚玉爲題者首爲曲石的〈楚式玉器〉，該文介紹楚玉的出土情況，解釋玉器的用途及闡明楚人用玉特色，詳盡的介述楚玉，且大略論述「楚玉」的典型特徵，諸如「拱形玉龍佩」、「龍首形玉璜」等等。〔註10〕應屬楚玉研究入門的工具書。再者爲殷志強、丁邦鈞所編著的《東周吳楚玉器》，其書對於楚玉的取材、琢治，及重要的典型楚玉，都有較深入的解析，極具學術上的參考價值。此外，高至喜主編的《楚文物圖典》，〔註11〕廣泛介紹各式楚文物，對於重要的楚玉則輔以清楚圖示，解說詳盡，對楚玉的研究視野，甚具撥雲見日的視覺效果。

　　楊建芳對楚式玉雕的研究，概以史學的角度，析論楚玉所具的文化內涵，爲不可或缺的參考用書，如所云：

> 進入戰國時期，楚人銳意向東拓土，滅國甚多，還有不少附庸國，
> 楚國勢力幾乎及于整個長江流域。這些附庸國由於政治上長期依附
> 楚國，在文化上也受到楚的影響，而且有與楚文化相似或相同的特
> 點，成爲楚系文化的一環。與上述形勢相適應的是，楚國玉雕也有
> 長足發展，並且與受其影響的附庸國的玉雕，形成戰國時期最多姿
> 多采的玉文化──戰國楚式玉雕。〔註12〕

並指陳分析從新石器時代文化一路發展的長江玉文化，按時間序列，分期講述條分縷析「楚式玉雕史」。加諸〈楚式玉器特點〉、〈楚式玉龍佩〉（上）、（下）等，都是楊建芳長期以來對於楚玉研究的豐碩成果。近年亦有廖泱修發表的〈試析戰國楚式「玉瓶形飾」擺置方向與正名──兼論「花朵形紋」的由來與演變〉及〈從雙鳳紋至柿蒂紋〉兩篇，〔註13〕爲楚玉研究的個別成果，亦具學術的參考價值。

　　另有荊州博物館編著的《荊州楚玉》，〔註14〕集結荊州博物館收藏的歷代

〔註10〕曲石，〈楚玉研究〉，刊《江漢考古》，1990 年 3 期，頁 63～76。

〔註11〕高至喜主編，《楚文物圖典》（武漢：湖北教育出版社，2000 年 1 月）。

〔註12〕楊建芳，《長江流域玉文化》，頁 315。

〔註13〕廖泱修，〈試析戰國楚式「玉瓶形飾」擺置方向與正名──兼論「花朵形紋」的由來與演變〉，刊《國父紀念館館刊》，1993 年 11 期，頁 175～186；〈從雙鳳紋至柿蒂紋〉，刊《故宮文物月刊》，民國 93 年 12 月 261 期，頁 74～103。

〔註14〕荊州博物館編著，《荊州楚玉──湖北荊州出土戰國時期楚國玉器》（北京：文物出版社，2012 年 10 月），此書雖未以曾侯乙墓玉器爲例解析，但湖北荊州乃楚文化的發源地，亦是楚國強盛時期的都城所在地，其遺留下來的玉

考古發掘出土的楚國玉器，進行系統的整理和研究，闡述楚墓出土玉器的年代與主要特徵，並在最後對楚墓出土的玉器主要紋飾、顏色、沁色統整歸納，提供了深入了解戰國時期楚玉的資料。

除此，指陳關於漢代玉器中所承襲之楚玉色彩的相關研究，如夏鼐的〈漢代玉器——漢代玉器中傳統的延續與變化〉，〔註15〕認爲漢代玉器在中國玉器史上可謂承先啓後的一環，除了對於治玉工具與技法上沿用戰國時期的鐵製工具外，紋飾與風格中也可見戰國玉器遺風，延續了傳統但也開創了新的器形，其論述的觀點，頗有學術的建樹。而楊美莉〈漢代文物展玉器拾萃〉及〈漢代文物展中一件表現儺禮的玉雕〉〔註16〕，以及黃師建淳〈漢代辟邪神獸的玉文化〉及〈一件漢代玉卮的考察〉，〔註17〕文中都陳述了漢代玉器中楚文化的延續和發展，對漢玉楚風的因果關係及其影響，皆見諸嶄新的學術視野。

由前人的相關研究中，可知漢代玉器中的楚玉，所佔的重要成份不可小覰，甚至西漢社會所瀰漫的神仙方術之風尚，在楚玉中都直接或間接地發生了關鍵性的影響。因此不難想見，對於同時期，位於楚地的曾國玉器，無論其器形或紋飾、抑或功能與用途，皆具有相當成份的楚風特色，值得進一步深入研究。

三、曾侯乙墓玉器研究

1978 年湖北隨縣擂鼓墩一號墓，即曾侯乙墓的發現，受到廣泛關注，被譽爲 20 世紀中國重大的考古發現之一。參予挖掘的譚維四先生，在所著的《曾侯乙墓》中提及此墓之所以如此被看重，有其珍貴的價值。〔註18〕此書

器印有鮮明的楚文化特色，對於研究曾侯乙墓玉器特色有相當大的幫助。
〔註15〕夏鼐，〈漢代玉器——漢代玉器中傳統的延續與變化〉，刊《考古》，1983 年第 2 期，頁 125～145。
〔註16〕楊美莉，〈漢代文物展玉器拾萃〉，刊《故宮文物月刊》（臺北：國立故宮博物院，民國 88 年 9 月第 202 期），頁 82～101，及〈漢代文物展中一件表現儺禮的玉雕〉，刊《故宮文物月刊》，民國 89 年 1 月 198 期，頁 72～85。
〔註17〕黃師建淳，〈漢代辟邪神獸的玉文化〉、〈一件漢代玉卮的考察〉，刊淡江史學編輯委員會，《淡江史學》（臺北：淡江大學歷史系），2013 年 9 月第 25 期，頁 25～50 及第 26 期出版中。
〔註18〕此墓規模龐大，形制特殊，坑口爲不規則多邊形，該墓形制在此之前即爲少見。且出土文物精美眾多，總數達一萬五千餘件。經專家組鑑定確認的國家一級文物就有一百四十三件（套），其中國寶級九件（套），數量實屬罕見。另外，文物保存良好，田野考古資料紀錄得基本齊全。雖有盜洞，但槨室內

綜述曾侯乙墓重大的考古發現和研究成果，亦述及曾侯乙墓的歷史淵源、主要內容還有文物介紹，具有頗高的學術價值。

另外，湖北省博物館編輯的《曾侯乙墓》，詳細的記錄其考古報告，經彙整後分爲兩卷出版，提供曾侯乙墓玉器之時代與文化背景的初步觀點。再者，光復書局企業編輯的《戰國地下樂宮：湖北隨縣曾侯乙墓》，除介紹曾侯乙墓出土文物外，最後附記了諸多學者針對各器物的研究報告，都提供了對曾侯乙墓進一步了解的概念。〔註19〕

關於曾侯乙墓的相關研究，從考察墓主人年代、背景及國別，以及棺槨、棺墓上的漆畫，到針對墓中出土文物，如青銅器、漆器、玉器等一一細究，有極爲豐碩的研究成果。而黃敬剛所著的《曾侯乙墓禮樂制度研究》，著眼於周代禮樂制度，依據考古、喪葬、文化等知識，研究曾侯乙墓中的禮樂制度，從另一角度研究比較，更深入的考察墓中文物所表現的歷史意義。如書中所云：「曾侯乙墓所出土的玉禮器則是研究曾國禮制不可或缺的方面」〔註20〕以其出土的玉禮器看其禮制，分析其用玉制度及與周、楚禮玉制度的關係。除此之外，更擴展述及擂鼓墩二號墓，及隨州地區周代墓葬中的禮玉器分析，究其曾國墓葬中的禮樂制度，對於了解曾侯乙墓中玉器，有極大的幫助。

另外，許多關於楚文物的相關研究中，常可見以曾侯乙墓玉器爲例論述。如許道勝、李玲所著《流光溢彩：楚國的漆器竹簡玉器絲綢》中論及高雅洁潤的楚玉器便多以曾侯乙墓玉器爲例加以解說。可想見曾侯乙墓中玉器因出土數量多且深富楚文化色彩，可謂爲楚玉的典型代表，應無疑義。

第三節　研究範圍與方法

關於玉器的研究方法，古玉專家吳棠海先生指出：「爲了在紛亂的現象中

並未受到影響，僅有因墓坑長年積水，使有機質類文物如絲綢織品等已遭腐朽，而其他文物仍有良好的保存。再者，墓主身分等級高，下葬年代確切，以及地理位置重要。該墓位於荊楚通向中原的隨棗走廊，是長江文化與黃河文化、南方荊楚文化與中原華夏文化交流地區，因此文化內涵中富有鮮明的時代特徵與地域特色，爲各面向研究提供了珍貴的資料。譚維四，《曾侯乙墓》（北京：文物出版社，2009年4月一版三刷），前言2～3。

〔註19〕 參考湖北省博物館編、中國社會科學院考古研究所編輯，《曾侯乙墓》（北京：文物出版社，1989年7月）及光復書局企業公司編輯，《戰國地下樂宮：湖北隨縣曾侯乙墓》。

〔註20〕 黃敬剛，《曾侯乙墓禮樂制度研究》（北京：人民出版社，2013年3月），頁203。

廓清古代玉器的風貌，首先必須回歸到器物本身來進行研究。」〔註21〕並將玉器的基本要素分為：材料、工法、造型、紋飾四項，即所謂的「料、工、形、紋」，在每一個表象之下，都蘊有複雜的變化與內涵。〔註22〕因此，藉由此四項特質，方可進一步討論玉器所帶有的時代風格與文化意涵。探究玉器所具備的「時代風格」，楊伯達先生認為應採用宏觀法則，〔註23〕以普遍的器物表現特徵為主。然若是研究「地域風格」，則應在大時代的前提下，細觀各地域可能不盡相同的玉器特徵，即「大同」中找尋「小異」的微觀法。〔註24〕類同於張正明先生所論及：「兩種文化特徵有同有異，假使光看相同的一面，就容易懷疑他們是同一種文化，只要兼看相異的一面，就可以判斷，他們畢竟是兩種文化。」〔註25〕因此本文欲探究曾玉所顯現的楚式特色，係從時代

〔註21〕 吳棠海，《中國古代玉器》（北京：科學出版社，2012年4月），頁「古玉的鑑賞方法」。

〔註22〕 參閱吳棠海，《中國古代玉器》，頁「古玉的鑑賞方法」。除此之外，關於玉器的研究方法，學者有諸多不同的看法。如古方對於玉器的研究，從原料產地、製作工藝、器形紋飾和辨偽鑑定四大方面入手。參考古方主編，《中國古玉器圖典》，頁前言。而楊伯達則提出五大要點：玉材的種類、傳統觀念、碾玉工藝、相互影響及內外交流。其中所謂相互影響即指與玉器相關藝術品之關係，而內外交流係從古玉觀中外交流。參考楊伯達，〈中國古玉研究雜議五題〉，刊《文物》，1986年第9期，頁64～68。以及鄧淑蘋論及三項課題：質地分析與產地調查、受沁現象的研究與科學斷代的構想、古玉反映的遠古宗教之研究。參考鄧淑蘋，〈百年來的古玉研究的回顧與展望〉，刊宋文薰主編，《考古與歷史文化：慶祝高去尋先生八十大壽論文集（上）》（臺北：正中書局，1981年6月），頁254～261。多種不同看法，大略可回歸至玉器本質，即玉料、工法、形制、紋飾。

〔註23〕 關於「時代風格」的研究，楊伯達主張：「藝術作品在整體上呈現出具有代表性的獨特面貌，玉器整體即指玉材，雕琢工藝、造型及紋飾等諸種因素總和，往往又以時代的、地區的或作家的面貌表現出來。這就是常常說的時代風格、地區特點與個人作風。玉器與青銅銘刻不同，因多無自銘，其作者是不可識的……所以，研究玉器的風格面貌只能從時代的或地區的兩個側面上去完成。從研究與鑑定角度來說，首先要從宏觀上把握其造型與圖案的特徵及其演變規律。這就是玉器的時代風格。時代風格的研究限於資料，要宜粗不宜細把握大局即可，也就是一定要牢牢掌握其主導權的、普遍的、典型的、凝固的形式，也就是玉器所具有代表性的獨特面貌，必須排除非主導的、非普遍的、非典型的、非凝固的形式的影響和干擾。」參閱楊伯達，〈玉器的時代風格鑑定〉，刊《海峽兩岸古玉學會議論文集》（臺北：國立臺灣大學出版委員會，2001年9月），頁91。

〔註24〕 葉蕙蘭，《漢代玉器的楚式遺風──楚式玉器的「紋」、「型」特徵分析》，頁24。

〔註25〕 張正明，〈楚墓與楚文化〉，刊中原文物雜誌編輯部，《中原文物》（河南：河

所具有的共同特性中，探尋其與中原玉雕的相異之處，主要著眼於紋飾進行比對，冀期分辨出時代特性的分野。

　　玉器的紋飾，如同玉器的外衣，其題材與製作方式會隨著不同的時代或是不同地區，而隨之改變，使其成爲一種識別性的符號。每個不同時代都有特定的紋飾，此即爲當時代的共同意識、風格特色。〔註26〕戰國玉器紋飾特徵，相比於春秋時期顯得較爲簡單、規律。流行的紋飾主要有浮雕雲穀相雜紋、線刻雲穀相雜紋、浮雕穀紋、線刻穀紋、乳丁紋、蒲紋等抽象的幾何形紋飾。另外龍紋、鳳紋等動物造型的紋飾，設計巧妙，也頗爲盛行。〔註27〕然此爲大環境的時代特徵，若觀察細微之處，不難發現各地域皆有相異之處，係來自多方面的影響，諸如歷史背景、地方風俗、各民族相異的審美觀等等，透過紋飾可反映出各地方上的不同。正因如此，東周玉器除具有歷史的時代特徵外，藉由紋飾中大同、小異的研究，〔註28〕可從此中判別出各地不同的區域風格，進一步探知各自所獨具的文化、宗教、社會狀態等等。

　　另外，要具體且科學的區分不同的紋飾特徵，可分爲兩個步驟：首先爲考古，從發掘出的資料與年代作爲研究的依據，再者即爲研判，由考古發掘的時間與空間中找出可靠的依據點，將這些依據點連結成整體性的面。〔註29〕因此，本文探究以曾侯乙墓中玉器爲主，藉由已發掘的大量考古資料中，比對相關玉器的紋飾，研判後找出可靠的依據點，從中探討玉器內所蘊含的地域風格及文化思想，進而連結成整體性時代風格的面，進而解析曾玉在楚式玉雕中所具有的特色。

　　楚玉專家楊建芳先生言：「楚式玉器的識別，是一個較爲複雜細緻的過程，大致來說，其特點（包括形制、紋飾、雕工、甚至器類），首先出現或流

南博物院 1989 年第 2 期），頁 38。

〔註26〕吳棠海，《中國古代玉器》，頁 58。

〔註27〕孫慶偉，《戰國玉器》，頁 23～29。

〔註28〕楊伯達先生指出，除在普遍性中求得「時代風格」外，也指陳：「一種時代風格一旦發展成熟、定型之後，它將被延用一個時期，短則幾十年，長則一二百年，甚至還要長。這就是玉器時代風格的凝固性、穩定性。由此，我們方可區別其時代風格的不同。當然，在其定型化的幾十年或一、二百年間通行的定型化玉器也要看到它的變化，哪怕是微小的變化也不要放過。」從此中可知，除了對於大方向的宏觀研究外，對於探討細微變化、相異之處的重要性。刊《海峽兩岸古玉學會議論文集》，頁 92。

〔註29〕漢寶德，〈揭開古玉的神秘面紗〉，刊吳棠海，《認識古玉》（臺北：中華民國自然文化學會，1994 年 10 月），頁 15。

行於楚境及其附庸，在中原等地區卻晚出，或缺乏或罕見。」〔註30〕曾國受楚武王三度征伐，早淪爲楚之附庸。又位於湖北省即楚文化核心之一，其玉器紋飾出現以絢索紋爲邊飾、流行網紋、鳳紋等等，是在楚式玉雕中所常見，而相類的邊飾，卻鮮見於中原的玉器。曾墓玉器中深具楚式特色的代表性，諸如十六節龍鳳珮、四節龍鳳珮等製作細緻精巧，顯見其非凡的成就，可謂爲楚玉中的翹楚。不僅如此，曾玉的形制風格，及紋飾內蘊，多富含深邃的楚文化內涵，因此本文以曾玉爲研究對象，透過玉器紋飾的比對，辨別出所具有的區域風格，更寄望從中探索出其承先啓後的因果關係。

　　本文所研究的玉器以曾侯乙墓爲主，地理範疇即以曾墓所在地湖北爲中心。然因涉及楚玉特色的影響，故而藉由其他楚墓中的玉器，進行相互分析比對。例如《淅川下寺春秋楚墓》〔註31〕、《長沙楚墓》〔註32〕、《信陽楚墓》〔註33〕、〈安徽長豐楊公發掘九座戰國墓〉〔註34〕、〈武漢市漢陽縣熊家嶺楚墓〉〔註35〕等，或是同時代但不同地域風格的發掘資料，如《三門峽虢國女貴族墓》〔註36〕、〈山東濟陽劉台子溪州早期墓發掘簡報〉〔註37〕等考古報告加以佐證。時間範疇則以曾侯乙墓所代表的戰國早期爲主，儘管造型和紋飾隨著時代交替而有轉變，但某時代的新風格上，往往留有前期的遺風，因此本文自需參考部分西漢時期發掘的考古資料，如《滿城漢墓》、〔註38〕《西漢南越王墓》〔註39〕等，從此探究玉器文化的傳承，以及曾玉對後代發展的相關

〔註30〕楊建芳，〈楚式玉龍珮〉（上），刊《中國古玉研究論學》（下）（臺北：眾志出版社，2001年），頁10。

〔註31〕河南省文物研究所，《淅川下寺春秋楚墓》（北京：文物出版社，1991年10月）。

〔註32〕湖南省博物館等編，《長沙楚墓》（北京：文物出版社，2007年3月）。

〔註33〕河南省文物研究所，《信陽楚墓》（北京：文物出版社，1986年3月）。

〔註34〕安徽省文物工作隊，〈安徽長豐楊公發掘九座戰國墓〉，刊《考古學集刊》，第2輯。

〔註35〕武漢市考古隊等，〈武漢市漢陽縣熊家嶺楚墓〉，刊《考古》，1988年12期，頁1099～1108。

〔註36〕河南省文物考古研究所，《三門峽虢國女貴族墓出土玉器精粹》（臺北市：眾志美術社出版，2002年3月）。

〔註37〕德州區文化局文物組，〈山東濟陽劉台子溪州早期墓發掘簡報〉，刊《文物》，1981年9期，頁18～24。

〔註38〕中國社會科學院考古研究所編輯，《滿城漢墓發掘報告》（北京：文物出版社，1980年出版）。

〔註39〕廣州市文物管理委員會等編輯，《西漢南越王墓》（北京：文物出版社，1991年10月）。

影響。

　　除了從大量已發掘的考古資料中，相互進行分析比對，因本文論述之需，亦參考若干玉器圖錄，引用部分玉器圖版作為必要的解析。諸如古方主編的《中國古玉器圖典》、楊伯達《中國玉器全集》、殷志強、丁邦鈞所編著的《東周吳楚玉器》等，內容所包含的玉器材料，皆經由科學方法發掘出土，作者加以分類統整，為本文提供清楚寶貴的資料。文中除了關於曾國的論述外，亦涉及楚國所處的地理環境及相關的習俗文化，從而發展出詭譎神秘的巫風色彩，這亦是本文探索曾玉楚風的特色之一。

第二章　曾侯乙與曾國

第一節　歷史上的曾國

一、墓主的考證

（一）墓　主

據考古資料顯示，在湖北隨縣擂鼓墩 1 號墓出土的青銅禮器、雜器 125
件，其中 109 件上有 117 處，鐫刻「曾侯乙乍（作）持用終」的銘文。個別件
的銘文亦見「曾侯乙乍（作）持」五字。〔註1〕樂器中的 64 件編鐘，有 45 件
鐘的鉦部，也鐫刻「曾侯乙乍（作）持」。另在編磬座獸伸出的舌頭上，也發
現「曾侯乙乍（作）持用終」的銘文。即使在建鼓座圓柱的口沿上，亦見有
「曾侯乙乍（作）持」五字。〔註2〕

出土各式的兵器中，戈共有 66 件。其中鐫具「曾侯乙之走戈」銘文的有
35 件、「曾侯乙之用戈」銘文的 2 件、「曾侯乙之寢戈」銘文者 1 件，合計有
「曾侯乙」三字之器，為 38 件，佔戈總數的 57.6%。細察下，寢戈一般為親
信侍從所執持，〔註3〕此戈出在墓主棺旁，應是護衛其主人曾侯乙的。從這也

〔註1〕　湖北省博物館編，《曾侯乙墓》，頁 459～461。

〔註2〕　同上註。

〔註3〕　《左傳・襄公二十八年》記載盧蒲癸和王何為慶舍之臣，「二人皆嬖，使持寢
　　　　戈而先後之。」二子皆莊公黨。二十五年，崔氏弒莊公，癸、何出奔，今還
　　　　求寵於慶氏，欲為莊公報讎。見〔春秋〕左丘明，〔晉〕杜預注，〔唐〕孔穎
　　　　達正義，李學勤主編，《春秋左傳正義》，卷三十八，（臺北：臺灣古籍，2001

說明其墓主應爲曾侯乙。〔註4〕此外，還刻有其他銘文的，如「曾侯邸之用戈」、「曾侯邸之乍持」等合計 10 件，佔戈總數 16%。出土有銘文的戟共 30 柄。一件戟有二至三個戟頭，因此，若按單件戟頭來看，「曾侯邸」見 14 次、「曾侯邁」見 13 次、「曾侯乙」6 次。此外，還有柳君、柝君之銘各 1 件。〔註5〕在兵器銘文中，所見到曾侯邸與曾侯邁之名，他們應是曾侯乙之先君〔註6〕。中室出土 1 件十分精緻的尊盤，盤內原有曾侯邸的銘文，可以明顯的看出，邸及其後三字經過磨鑿，而改刻爲曾侯乙的銘文。從此可知，曾侯乙是在曾侯邸之後，故曾侯邸應爲曾侯乙的先君。〔註7〕大體而言，在豐富的出土銅器中，凡鑄有「曾侯乙」的最爲精緻。

由上述考察得知，在此墓出土的青銅禮器、用器、樂器和兵器上，鑄具「曾侯乙」三字者，計有 208 處。足以證明墓主人確爲曾侯乙無誤。此外，經考證一件銅鎛上的銘文，載明該鎛是楚惠王贈送給曾侯乙的。〔註8〕（圖版 2-1-1）楚惠王爲曾侯乙鑄鎛，而「曾侯乙」三字又反覆出現於許多相關的銅器上，這說明接受楚惠王贈鎛的曾侯乙，正是這些銅器的實際擁有者，也正是此墓的主人，當無疑議。

曾侯乙其人於史無徵，但從此墓規模之宏大，出土文物之豐富，以及隨葬品中諸如九鼎八簋、大型成套編鐘等，與考古界已發掘同爲東周時期的大墓相比，其規模有過之而無不及，墓葬規模當不在諸侯墓之下。另據墓內竹簡記載，參加曾侯乙葬儀的御者，有宮廄尹這樣身分的人，而御車者無疑位在曾侯乙之下。這亦證明，墓主非諸侯國國君莫屬。〔註9〕

年），頁 1223。
〔註4〕 郭德維，《楚系墓葬研究》（漢口：湖北教育出版社，1995 年 7 月），頁 286～292。
〔註5〕 湖北省博物館編，《曾侯乙墓》，頁 459～461。
〔註6〕 另有一說爲學者李學勤先生研究認爲「邸」字的聲旁與「乙」字相同，其義通於「邁」字，故曾侯乙墓中的曾侯三個名子，可能實際是一個曾君。參閱李學勤〈曾國之謎〉，刊李學勤，《新出青銅器研究》（北京：文物出版社，1990 年），頁 146～150。
〔註7〕 張昌平，〈曾侯乙、曾侯邸和曾侯邁〉，刊《江漢考古》，2009 年 1 期，頁 92～99。
〔註8〕 湖北省博物館編，《曾侯乙墓》，頁 459～461。
〔註9〕 湖北省博物館編，《曾侯乙墓》，頁 459～461。

圖版 2-1-1 楚惠王贈給曾侯乙的青銅鎛鐘銘文

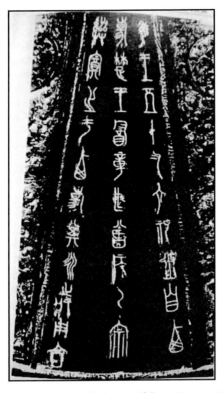

資料來源：譚維四，《曾侯乙墓》，圖 26，頁 41。

（二）年 代

　　從曾侯乙墓中室出土的鎛鐘上的銘文記載：「唯王五十又六祀，返自西陽，楚王畲章乍曾侯乙宗彝，奠之于西陽，其永祓用享。」此段銘文對於研究曾、楚兩國的關係，及斷定曾侯乙墓的年代都有極大幫助。「五十六又祀」當是楚王畲章（熊章）56 年，即公元前 433 年。

　　宋代曾在湖北安陸出土過一件銘文相同的楚鐘，〔註 10〕古今學者均曾作過許多考釋，各有不同解釋。其一為將其銘文中的「返」字釋為「赴」，〔註 11〕

〔註10〕被稱之為「楚王畲章鐘」，説明這樣的鐘和鎛，當時製作了許多件。宋代出土的已不存，只可見銘文摹本，但因字摹寫有誤，以致影響了對字義的確切解釋。

〔註11〕據錢伯泉在〈關於曾侯乙墓楚鎛銘文考釋的商榷——兼談曾侯乙墓的絕對年代〉中論述：銘文中的「返」字，應為「赴」。意其從西陽傳來曾侯乙的訃告，這鎛是楚惠王得知曾侯乙的死訊，特地鑄造出來送至曾國宗廟，用以奠祭曾侯乙。曾侯乙墓下葬的年代當與鐘、鎛的鑄造年代相同。刊《江漢考古》，1984年 4 期，頁 93～94。

或將其「返」字，按其本義解釋。﹝註 12﹞儘管兩種論述並不相同，但是最終結論都認爲曾侯乙墓下葬時間應爲公元 400 年左右，故將曾侯乙墓年代定爲戰國早期。﹝註 13﹞

二、楚系曾墓

　　隨縣是周代隨國的故地，隨國最後的消失，歷史上雖無記載，但一般的看法是在進入戰國之後不久被楚所滅。﹝註 14﹞在隨縣出土的曾侯乙墓，曾侯和隨國的關係各派學者有其不同看法，對於此墓的國屬意見亦不盡相同。一是認爲戰國初期，楚國早已稱霸，這一帶皆爲楚國勢力範圍，在此範圍中，曾只是楚的與國，曾侯乙爲楚所封的王公貴族，所以此墓便是楚墓。﹝註 15﹞二是認爲曾、隨本不同。﹝註 16﹞三則是認爲曾即是隨。﹝註 17﹞

﹝註 12﹞ 據裘錫圭在〈談談隨縣曾侯乙墓的文字資料〉中論述：銘文中的「返」字應爲其本義，所謂「返自西陽」，是指楚惠王從西陽返回楚都。同時把「作曾侯乙宗彝」解釋爲替曾侯乙作鐘是用來祭祀其先人的，曾侯乙死應晚於鎛的鑄造年代，再配合曾侯乙的骨架鑑定。綜上所述，曾侯乙下葬時間應不會晚於公元前400年。刊《文物》，1979 年 7 月第 7 期，頁 25～31

﹝註 13﹞ 據當前考古年表所示，東周戰國時期係公元前 475 至公元前 221 年。參考古方主編，《東周出土玉器全集》（北京：科學出版社，2005 年 10 月），頁 X。

﹝註 14﹞ 顧鐵符，〈隨國、曾侯的祕奧〉，刊湖北省社會科學院歷史研究所編，《楚文化新探》（漢口：湖北人民出版社，1981 年 9 月），頁 68～90。

﹝註 15﹞ 據徐揚杰在〈關於曾侯問題的一點看法〉中論及：戰國初期楚國已相當強大，無可能容許在其勢力中還存有另一小國。隨非曾，南陽盆地、隨棗走廊出土銅器銘文中的曾也非姬姓。春秋晚期，楚先後滅繒、隨之後，又在隨故地分封楚國大貴族，稱爲曾侯。曾侯爲其封君，此墓爲楚墓。刊《江漢論壇》（武漢：湖北省社會科學院，1979 年 3 期），頁 74～79。曾昭岷、李瑾在〈隨縣擂鼓墩一號墓年代、國別問題當議〉中認爲：出土青銅器中尚有無銘之器，有些器物與此前出土的楚器相同或相似，且在一件漆衣箱上所寫二十八宿名稱中，將「軫」字寫成「車」，顯係因楚昭王名軫而避諱之故等，認爲此墓爲楚墓。刊《武漢師範學院學報》（武漢：武漢師範學院學報編輯部，1979 年 4 期），頁 91～95。

﹝註 16﹞ 據錢林書在〈曾國之謎試探〉中認爲，曾、隨初爲兩國，族姓不同，後來曾國於東周初期南遷，在楚人支持下，經南陽盆地入隨棗走廊，於春秋中期楚令尹子文敗隨不久即滅隨，曾人入居隨地。刊《復旦大學學報》（上海：復旦大學出版社，1980 年 3 期），頁 84～88。

﹝註 17﹞ 據徐少華在〈曾即隨其歷史淵源〉中認爲，從族姓和地望方面，以及隨國歷史變化過程與南陽盆地東南部曾國銅器的分布所體現的時代變化，實力消長是一致的，曾即隨。刊江漢論壇編輯部，《江漢論壇》，1986 年 4 期，頁 71～75。

　　姑且不論曾侯乙墓的國屬爲何，本文旨在探索該墓所出玉器特色的命題，是以有必要檢視墓室基本特徵，及顯示其文化屬性。

（一）墓　道

　　戰國時期，楚國較大型的墓，都有封土、斜墓道和台階。〔註 18〕這座墓發掘時，雖上部情況不明，但從墓坑四面的墓壁來看，並無墓道痕跡。楚墓雖不是皆有墓道，但只要稍大型的皆有。這是區分楚墓和中原墓的重點之一。〔註 19〕

（二）保護層

　　戰國墓裡的保護層主要有兩種，一種是楚墓中最常見的，塡白膏泥。另一則爲積石積碳，就是塡石塊和木炭。在六千多座楚墓中，沒有發現過積石積碳。〔註 20〕這兩種做法在南北各地，含水量不同的土層裡，各自起一定的保護作用。〔註 21〕而此墓除用白膏泥外，在墓坑中部鋪滿一層大石塊，在椁的頂部及四周用了積碳。此墓混合了南北的兩種做法，兼具中原與楚墓風格。

（三）木　椁

　　此墓的木椁是由中、東、西、北四個室構成，每個室的大小各不相同，總面積成爲左右不對稱的直角多邊形。中室放置禮樂器，作廳堂佈置；東室放置主棺和八具殉葬棺，還有大部分的生活用具，作爲上房及內宴的地方佈置；西室放置十三具殉葬棺，作爲奴婢居住的下房安排；北室放置各類雜器，爲儲藏室。〔註 22〕從整個布局來看，是參照人們生前的生活方式而設計。而

〔註 18〕楚墓用台階，除了防止墓坑垮塌外，也用台階來顯示墓主的身份。台階級數越高，墓主身分越高。參閱郭德維，《楚系墓葬研究》，頁 275。

〔註 19〕據顧鐵符在〈隨縣曾侯乙墓無隧解〉中論及：周王朝特定制度爲墓道只有天子墓才可有。周朝所分封的諸侯有先代的後裔、同姓、功臣之後等。除了同姓都是來自同個部族外，其餘都是不同氏姓，來自各個部族，保留著各部族原本的習慣。所以想要統一在周王朝規定的禮制下，除了姬姓國比較容易受規範之外，其餘國必較困難。尤其到東周王室衰微後，各國各行其是的情況便更加嚴重。如中山王墓和楚國較大的墓中都有墓道，便是因爲如此。而隨是姬姓國，自然受到較嚴格的規範，故曾侯乙墓中無墓道。刊《考古與文物》（陝西：陝西人民出版社，1980 年 1 期），頁 86～87。

〔註 20〕郭德維，《楚系墓葬研究》，頁 275～277。

〔註 21〕同上註。

〔註 22〕顧鐵符，〈隨國、曾侯的祕奧〉，刊湖北省社會科學院歷史研究所編，《楚文化新探》，頁 68～90。。

楚國的木槨墓皆爲一長方形的大箱子，在中間隔成若干各室，以正中最主要的室爲棺室，其餘則各別安置各類隨葬品。〔註23〕所以此墓和楚墓的木槨，無論形式結構，或是整體設計，都無相同之處，亦從而得以窺見曾墓事死如事生的習俗觀念。

（四）棺

從結構而言，此墓中的棺有23具棺有些類似楚棺的外形，但楚墓中不論弧棺或是方棺，其底板均較薄，懸空的高度較大，懸底的棺爲楚墓獨具風格，但在曾侯乙墓中的棺，底板均較厚，懸空度亦不高，和楚墓內的棺有明顯差別。〔註24〕雖曾墓形制有別於楚式，但與其它23具楚棺併葬，自不失楚墓的風格特徵。

（五）出土文物

曾侯乙墓出土文物中，青銅器極多，陶器極少。可在一般楚墓裡，多以殉葬陶器爲主。〔註25〕從青銅器來看，曾侯乙墓中的青銅器類較齊全，但卻無楚墓中常見的敦與鐎壺及楚國當時流行的抓蓋鼎，且在曾侯乙墓中，鼎的造型也傾向中原風格。〔註26〕

墓中兵器種類亦較齊全，可是卻無楚墓中最常見的劍。〔註27〕曾侯乙墓中鐘架上六個虡座的銅人都配有劍，但卻無銅劍殉葬，可知曾侯乙不若楚人

〔註23〕 湖北省博物館編，《曾侯乙墓》，頁459～461。

〔註24〕 郭德維，《楚系墓葬研究》，頁275～277。。

〔註25〕 同上註，頁276。

〔註26〕 中原的造型風格較凝重，裝飾繁縟，顯得較莊嚴渾厚。見郭德維，《楚系墓葬研究》，頁276～277。

〔註27〕 在雨台山發掘的558座小型楚墓中，共出土劍221把。其餘等地亦常見以劍隨葬，成年男子的墓幾乎每人一把劍。

幾座較大楚墓出土銅劍統計表

墓 　 號	出 　 劍 　 數	備 　 　 註
長沙瀏城橋1號墓	4	
江陵藤店1號	2	其中越王州句劍一把
江陵望山1號	4	其中越王句踐劍一把
江陵望山2號	7	此墓曾被盜
江陵天星觀1號	32	此墓曾被盜

資料來源：郭德維，《楚系墓葬研究》，表13，頁277。

般愛劍，不似楚國貴族佩劍以顯身分地位。〔註28〕除此之外，在楚墓中常見的鎮墓獸、虎座鳥架的懸鼓座，在此墓中皆未見陳列，因而或得推論，曾墓中的文化屬性並非傳統的楚式，而是帶有中原氣息的楚墓。

從文化傳統的繼承關係，曾國的歷史淵源〔註29〕及出土文物特點來考慮，認為此墓及出土文物所表現出來的中原商周文化與南方楚文化融合的結果，是周、曾、楚文化交流的結晶。〔註30〕以編鐘為例，其樂律體系是在繼承周律基礎上吸收楚律之長，而創立一種獨特的樂律體系。〔註31〕編鐘銘文上記載此鑄鐘為楚惠王製作贈給曾侯乙，是典型楚器。十九件鈕鐘，本身無作器銘，但鈕鐘銘文所載律名、階名與甬鍾銘文所見曾國律名、階名相同，甬鐘上皆刻有「曾侯乙乍」，可知為曾國自製，其形制亦與中原出土西周甬鐘有一脈相承的傳承關係。鐘架亦如此，六個鐘虡金人，有中原風格，但木質橫樑、圓柱的髹漆及紋飾，卻有著明顯的楚國漆器風格。曾侯乙墓中採用以九鼎八簋為中心的青銅禮器配置形式，係對周禮制的繼承，其器形和紋飾亦展現中原文化的特徵。而從蓋鼎、小口鼎等器形上則表現出楚文化的特點。〔註32〕展現出中原文化與南方楚文化相互交流融合的特色。〔註33〕

綜上所述，曾侯乙墓雖非盡屬楚墓，卻深受楚文化影響。一如學者郭德維先生認為：此墓雖為曾國墓葬，但其地在楚國境內，曾國已淪為楚國附庸，在文化上受楚影響極大，因此此墓可稱為楚系墓葬，其出土文物可稱為楚系文物，其文化屬性當為楚文化系列，故此墓應屬於「楚系曾墓」較為允當。〔註34〕

〔註28〕郭德維，《楚系墓葬研究》，頁277。

〔註29〕曾國本姬姓諸侯，為宗周後裔。鐘銘中提到與曾國有來往的幾個國家及地區，除楚以外，有周、晉、齊、申，皆源於周。曾國的地理位置亦處於中原周文化及南方楚文化的交錯地，因此受兩者影響，形成自己鮮明的特色。參閱譚維四，《曾侯乙墓》，頁62～63。

〔註30〕曾為周室所封的姬姓之國，自有傳承於中原的特色。但自春秋中後和楚交戰，互相交流，後又成為楚之附庸。在這樣密切關係影響下，曾侯乙墓中則更帶有楚文化色彩。譚維四，《曾侯乙墓》，頁62～63。

〔註31〕童忠良，〈楚文化與曾侯乙編鐘樂律〉，刊《湖北社會科學》（武漢：湖北社會科學雜誌社，1989年12期），頁76。

〔註32〕楊寶成、黃錫全，《湖北考古發現與研究》（武昌：武漢大學出版社，1995年），頁176。

〔註33〕譚維四，《曾侯乙墓》，頁62～63。

〔註34〕郭德維，《楚系墓葬研究》，頁277。

第二節　曾侯乙墓室結構

古人講究：「事死如事生，事亡如事存」。即對待死亡和對待在生的態度同等重要。在這種靈魂不滅〔註35〕觀念的影響下，死者的墓葬在相當程度上，再現了其生前的社會情況和生活。墓葬制度隨著社會發展而不斷演變，不同的埋葬方式反映了同時代人們的思想觀念。各區域地方經濟、文化的不同發展，各地的墓葬亦呈現了明顯的地方特色。〔註36〕

西元 1978 年，在湖北省武漢市西北約 155 公里的隨州市，發掘了一座距今二千四百多年（戰國早期）的大墓，即曾侯乙墓。〔註 37〕曾侯乙墓是歷年來發掘的東周君侯中，最大的木槨墓之一。墓建造在一座小山崗上，墓坑之上，已遭破壞，故有無封土，已無法確知。縱深達 13 米，用大型木材修建，以一層木炭外套一層膏泥密封。爲岩坑豎穴木槨墓，〔註 38〕正南北向，墓壁垂直，不見斜坡墓道，印證了「諸侯之墓懸柩而下」〔註 39〕的說法。

〔註35〕「靈魂不滅」的觀念，實爲「人世再生」的比喻，這是源自於對生者的眷戀和執著。所以「超塵出世」的思維，也可喻爲「長生不死」的企圖。以上即「事死如事生」的概念。參閱黃師建淳，〈略論漢代葬玉的觀念〉，刊淡江史學編輯委員會，《淡江史學》（臺北：淡江大學歷史學系，第 19 期），頁 15 ～16。

〔註36〕張學鋒，《中國墓葬史》（上）（揚州：廣陵書社，2009 年 7 月），上冊，頁 88。

〔註37〕光復書局企業股份有限公司編輯，《戰國地下樂宮：湖北隨縣曾侯乙墓》，頁 111。

〔註38〕槨墓的主體是一個大箱子一樣的木結構，埋於一條豎穴的底部，這種墓在考古文獻中稱爲「豎穴墓」。而由木炭和膏泥封閉的多重棺槨，意在保護死者屍體，以及和其一起下葬的隨葬品，構成了一個黃泉下的世界，象徵自給自足的環境。

〔註39〕《左傳・僖公二十五年》載有晉侯請隧之事。杜預注曰：「闕地通路曰隧，王之葬禮也，諸侯懸柩而下。」西周時期有等級森嚴的喪葬制度，無論是對墓坑、墓道有無、棺槨等等，都有相關的制度，天子、諸侯、下至平民百姓，都有當應循的禮制。《禮記・禮器》：「禮有以多爲貴者：天子七廟，諸侯五，大夫三，士一。天子之豆，二十有六。諸公十有六。……天子崩，七月而葬，五重八翣；諸侯五月而葬，三重六翣；大夫三月而葬，再重四翣。以此多爲貴也。」參閱（元）陳澔注，《禮記集說》，（南京：鳳凰出版社，2010 年），頁 187。《禮記》中多處有記載，除了喪葬制度，穿衣、行車等都有明確的規範。

圖版 2-2-1　曾侯乙墓坑平面圖

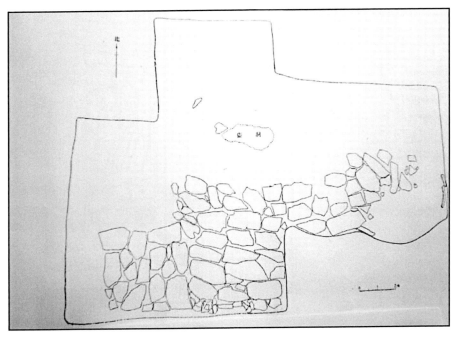

資料來源：譚維四，《曾侯乙墓》，圖 1，頁 9。

　　墓地平面大致爲不規則形，墓坑東西長 21 米，南北寬 16.5 米，總面積 220 平方米。（圖版 2-2-1）〔註40〕在墓坑的中部偏北，發現一個盜洞，但墓室僅輕微被擾〔註41〕。在墓坑底部，構築木質槨室。木槨由底板、墻板、蓋板共 171 根巨型長條方木壘成。槨室平面雖呈不規則多邊形，但可分東、北、中、西四室。北室與中室在一條中軸線上，西室與東室並列而略短小，〔註42〕東室單獨向東伸出，各室大小規模均不相同，應與墓室的功能各異有關。（圖版 2-2-2）

〔註40〕湖北省博物館編，《曾侯乙墓》，頁 7～17。

〔註41〕從槨室的清理，即隨葬器物的擺飾來看，中室除東北角以外，絕大部分地方都沒有影響，盜墓者顯然未能深入其室。參閱光復書局企業股份有限公司編輯，《戰國地下樂宮：湖北隨縣曾侯乙墓》，頁 109。

〔註42〕以古代宮室建築來說，如湖北盤龍城商代宮殿，與陝西扶風西周宮殿，乃至明清時代的故宮三大殿，歷來都是以一條中軸線爲中心，兩旁均是對稱。但曾侯乙墓的東、西室並不對稱，應是因墓中的槨室只是選用了宮室中的一部份，僅一部份故難以對稱。參閱郭維德，《楚系墓葬研究》，頁 246。

圖版 2-2-2　曾侯乙墓平、剖面圖

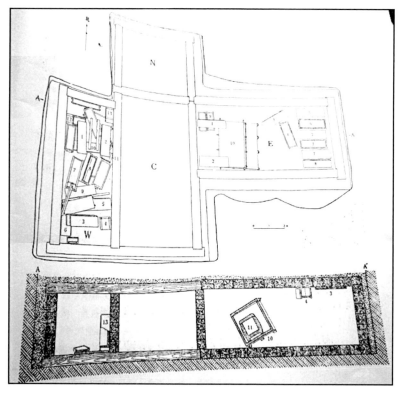

資料來源：湖北省博物館編，《曾侯乙墓》，頁 9，圖 5。

N：北室　C：中室　E：東室　W：西室

1-8：陪葬棺　9：殉狗棺　10、11：墓主棺　1-13：陪葬棺

以下就考古資料所陳，略述曾墓各室情狀，以見君侯大墓之一斑：

一、東　室

出土時，東室比其他各室略高，方向和其他三室不同，為東西向。

東西長 9.5 米、南北寬 4.75 米、深 3.5 米。〔註43〕內放置墓主棺 1 具，陪葬棺 8 具，殉狗棺 1 具。8 具陪葬棺，有兩口棺靠近東室西壁，方向同墓主棺，一南一北。另六具棺均為東西向，貼近東室之東壁。其中保存較為整的陪葬棺內人骨，經後來鑑定：全為女性，年齡 18 到 22 歲。〔註44〕

〔註43〕湖北省博物館編，《曾侯乙墓》，頁 14～15。

〔註44〕郭德維，《禮樂地宮——曾侯乙墓發掘親歷記》（成都：四川教育出版社，1996年 10 月），頁 114～122。

　　東室中部出土不少樂器，主要有漆瑟 5 件，五弦琴、十弦琴各 1 件，小鼓 1 件，笙 1 件。和中室相比，這裡沒有鐘、磬等主要用在比較隆重場合的禮樂。該室所出土的，是以娛樂爲主的樂器。其中還有一些精美的漆木器，特別是 4 件雕繪蓋豆，製作十分講究。漆木器中有 5 件衣箱，上面繪著一些神話故事。除此之外，還有一些放置在墓主棺下的金器，〔註45〕及許多戈、弓、盾、矛等兵器，有的出自墓主棺兩側，有的貼近室內的南壁與西壁。還有不少馬嚼子、馬飾等，這些物品象徵馭馬駕車，寓意墓主乘車四處、巡行。〔註46〕從東室豐富的隨葬品中不難窺知，多充滿了宮室生活的日需器具與用品，從而反映出墓主一如生前貴族奢華的生活用度。

二、中　室

　　中室面積最大，爲南北向。南北長 9.75 米、東西寬 4.75 米、深 3.3 米。

　　內放置國家典儀常用的禮器及樂器。〔註47〕編鐘置於西邊與南邊，共出土 65 件。編磬置於北邊，東邊放有建鼓、大型銅壺和儲冰酒鑒等。中部放有若干漆瑟、笙等。出土的青銅器與樂器上，絕大部分都有「曾侯乙作持」的銘文，標明這些器物爲曾侯乙所用。室中儲藏這麼多的禮器及樂器，正反映出該室的設計即爲禮樂的宮殿，主要用來祭祀先祖和宴請回家賓客的重要殿堂。

　　在編鐘、編磬和建鼓以及鑒缶等所構成的中室北部空間之內，還發現有瑟 7 件、笙 4 件、排簫 2 件、小鼓 2 件，此外還有少量的漆杯等。這一套擺設，實際上就如同一座古代的地下樂宮。這一套樂器、酒器的陳設，反映了宮廷統治者榮華富貴的生活畫面。〔註48〕

　　中室南部主要放置青銅禮器，發掘時仍排列整齊，可清楚的辨別其順序，如 9 件鼎擺在最前面，8 件簋居其次。「九鼎八簋」〔註49〕正顯示出幕主的身

〔註45〕一般的隨葬器物都放置在椁室或墓主棺之旁，唯獨這幾件金器放在墓主棺下，是說明墓主對它們的偏愛或另有什麼特別原因，就不得而知了。

〔註46〕光復書局企業股份有限公司編輯，《戰國地下樂宮：湖北隨縣曾侯乙墓》，頁122～126。

〔註47〕光復書局企業股份有限公司編輯，《戰國地下樂宮：湖北隨縣曾侯乙墓》，頁118～120。

〔註48〕光復書局企業股份有限公司編輯，《戰國地下樂宮：湖北隨縣曾侯乙墓》，頁90～99。

〔註49〕據史料多處記載，在西周時期「九鼎八簋」爲天子所用，然而到了東周時代，

分（圖版 2-2-3）。其次是 9 件小鬲、小鼎形器，最後是蓋鼎和盥缶等。這些青銅禮器實為國家重器，除了供貴族用來祭天祀祖外，亦盡顯個人的身分與地位。〔註50〕在室內南側大量的青銅器中，還有幾件不屬於青銅器的夾雜其中，如一件全身黑漆盤體的木鹿，及兩件磨光的黑陶缶，〔註51〕器件十分精美華麗，可能作為祭器配套之用。

圖版 2-2-3　九鼎八簋出土情況

資料來源：郭德維，《曾侯乙墓發掘親歷記》，圖 13，頁 99。

三、西　室

西室較小，亦為南北向。南北長 8.65 米、東西寬 3.25 米、深 3.3 米。

諸侯中也出現「九鼎八簋」。部分學者認為此為東周禮崩樂壞的僭越現象。參閱譚維四，《曾侯乙墓》，頁 57。

〔註50〕黃師建淳，〈試析春秋戰國貴玉賤珉的玉文化〉，刊《淡江史學》，2012 年 9 月第 24 期，頁 1〜25。

〔註51〕光復書局企業股份有限公司編輯，《戰國地下樂宮：湖北隨縣曾侯乙墓》，頁 99〜113。

內置陪葬棺 13 具。棺內人骨經鑒定，年齡在 15 歲到 24 歲之間，[註52]他們可能是歌舞樂人，[註53] 部分棺內有少數小件隨葬品，如小木器、小玉器之類。整體而言，除了一件彩漆繪鴛鴦形盒製作尚稱精細，其他的隨葬品皆貧乏粗糙。除此之外，室中未見禮器、亦沒有兵器，更沒有其他日常生活用品。[註54] 足見這些殉葬的歌舞者地位輕微，一如其他的隨葬品，作為墓主人死後世界的用品擺設。

四、北 室

北室最小，同為南北向。南北長 4.25 米、東西寬 4.75 米、深 3.15 米。

內置青銅兵器、車馬器、皮甲冑及竹簡等，儼然是一座兵器庫。兵器包括戈、戟、矛、殳、晉殳、弓、箭鏃、盾。古時所謂的「五兵」[註55]，這裡一應俱全。這批兵器保存較好，裝配關係清楚。車馬器出土一車傘及一傘形華蓋外，還有青銅車軎 76 件。若一輛戰車有一對車軎，76 件便象徵 38 輛戰車，可見編制之大。至於皮甲冑，包括人甲和馬甲，概由許多甲片編聯而成，但編綴的絲帶早已腐爛，甲片本身亦殘破不全，數量多少當不得而知。[註56]

此外，室裡還發現了兩件大型青銅尊缶，以及重要竹簡，共 240 餘支。主要內容是記載用於葬儀的車馬兵器。[註57] 從隨葬兵器數量之多、品種之繁，可知當時的曾侯乙，應是擁有相當兵力的諸侯國。

椁室的設計、構築與墓主生前的生活習俗和社會經濟息息相關，它往往象徵墓主人生前的地位與身分，故墓室的設計與建造，多模擬死者生前宮室

[註52] 光復書局企業股份有限公司編輯，《戰國地下樂宮：湖北隨縣曾侯乙墓》，頁 120～121。

[註53] 春秋晚期之後，楚墓中已少見人殉葬，此墓共出土 21 件陪葬棺，可知墓主在楚國的特殊身分。

[註54] 光復書局企業股份有限公司編輯，《戰國地下樂宮：湖北隨縣曾侯乙墓》，頁 119～120。

[註55] 戈、殳、戟、酋矛、夷矛等五種兵器。《禮記‧夏官‧司兵》：「掌五兵五盾。」鄭玄註：「五兵者，戈、殳、戟、酋矛、夷矛也。」參閱〔清〕阮元校刊，《十三經注疏附校刊記》，上冊，（北京：中華書局編輯部，1979 年 11 月），頁 855。

[註56] 光復書局企業股份有限公司編輯，《戰國地下樂宮：湖北隨縣曾侯乙墓》，頁 120～121。

[註57] 郭德維，《禮樂地宮——曾侯乙墓發掘親歷記》，頁 140～141。

的位置與結構。〔註 58〕曾侯乙槨室的形制，應是依照當時宮室之制，移到墓葬上建造。正如《荀子・禮論》所云：「故壙壠其貌象室屋也。」〔註 59〕即所建構的墓壙和坟丘，需仿效建造的住房一樣。易言之，即把宮室之建制用於造墓之形制。〔註 60〕

在楚墓中，槨室是倣照地面上的建築，是將地上宮殿的形式移到地底下，但僅是倣原本地面建構，而非實際的房屋大小所建。〔註 61〕因此從楚墓槨室的分配，可看出宗廟等大致佈局，但一般只要求放置葬具、隨葬品爲宜，不要求如地面居室一般所需要活動的空間。不過以曾侯乙墓的槨室面積大小來看，東室與中室的室內面積達 45-46 平方米，最小的北室都超過 20 平方米。扣除掉隨葬品的安置，除了北室和西室較爲擁擠之外，中室與東室仍有空餘的場地可供利用。因此曾侯乙墓的槨室，是更眞實的反映了宮室的實際大小，有一定的實用價值。〔註 62〕

四個槨室的底部皆有門洞相通，門均呈方形。中室通西室和東室的門洞，是將最底下一塊槨牆板截去一段而成，其高度與牆板等高。唯獨中室通北室的門，是在牆板下部鑿一方洞而成，較另兩個門洞較小。〔註 63〕此門洞，象徵著靈魂的通道。這種特殊設計可能與墓主人對魂魄的信仰有關。根據東周時期的靈魂理論，人死之後他的魂將飛離，而他的魄將與肉身相隨葬於地下。在此墓中的門洞，似乎表明了魂魄在墓內可以自由活動，相通於槨室之間，〔註 64〕一如生前悠遊於華麗的宮殿生活般。

曾侯乙墓槨室規模之大，與楚國墓室的形制特點略有不同。楚墓通常分九室、七室、五室、三室、二室、一室不等，楚王墓大致爲方形，基本上是以主棺室居中。但曾侯乙墓槨室的設計中，主棺室卻不居中。部分學者認爲，

〔註 58〕 黄敬剛，〈曾侯乙墓槨室形制與宗周禮樂制度〉，刊《武漢大學學報》（武漢：武漢大學期刊社，人文科學版，2011 年 2 期），頁 114～119。

〔註 59〕 〔戰國〕荀況，王天海校釋，《荀子校釋》（上海：上海古籍出版社，2005 年 12 月），頁 786。

〔註 60〕 郭德維，《楚系墓葬研究》，頁 240。

〔註 61〕 據郭德維研究指出，楚墓的槨室從佈局來說，很可能是整個建築或一組建築的濃縮，有如墓葬中的木俑，模型車是按照原型濃縮的一樣。參閱郭德維，《楚系墓葬研究》，頁 247。

〔註 62〕 郭德維，《楚系墓葬研究》，頁 238～247。

〔註 63〕 湖北省博物館編，《曾侯乙墓》，頁 14～15。

〔註 64〕 巫鴻，《黄泉下的美術》，（北京：三聯書店，2010 年 11 月），頁 36～38。

這是因中室已陳放了隆重的樂器，主棺因此移居於東室。這種屈駕輕己而崇禮重樂的做法，說明其建構是以禮樂制度爲中心，濃縮了尊周崇禮的思想價值。〔註65〕

　　無論是以禮樂爲其建構中心的尊周崇禮，或是體現出楚墓中特重的靈魂不滅、生死脈絡的理念。可知，在楚地中的曾國，雖有著中原色彩，但亦深受楚文化所影響，楚國和曾國之間的關係，在曾侯乙墓中多處可見，這也是本文所欲探討的旨趣之一。

第三節　曾國與隨國的考釋

一、曾國即隨國

　　墓中豐富的陪葬品，大墓奢華的規格，顯見墓主曾侯乙身分不凡。而不論曾侯乙，或是曾國，在歷史上究竟爲何身分，扮演何種角色。類此問題，在學術界爭論不休。不同的看法，各有所據。根據曾器的出土範圍、族姓、活動時間等，尤其是曾侯墓葬出於隨州近郊的情況（圖版 2-3-1）與考古文獻中關於隨國的記載進行比較分析，認爲銅器銘文中的曾國即古文獻中的隨國。〔註66〕隨國和曾侯之間的關係，在眾說紛紜之下，本文以學界多數認同的「曾即隨」之說，〔註67〕簡述曾國歷史。

　　隨是姬姓之國，這在記載中是一致的。〔註68〕隨國同曾國一樣，是由北方遷來的西周封國之一。

〔註65〕據黃敬剛，〈曾侯乙墓椁室形制與宗周禮樂制度〉中認爲，曾侯乙墓椁室的設計就是曾侯乙尊祖尚禮的眞實表現，整體的設計與建構，皆以禮樂制度爲中心的理念。刊《武漢大學學報》，人文科學版，2011 年 2 期，頁 114～119。

〔註66〕曾國器物的出土地點，迄今以隨棗走廊東南端，今隨縣、安陽、京山之間，較爲密集，下限也較長，一直延續到戰國初期。而這一帶正是文獻材料中明確記載爲西周末至春秋時期的古代隨國所在。參閱石泉，〈古代曾國——隨國地望初探〉，刊《武漢大學學報》，1979 年 1 期，頁 62。

〔註67〕李學勤，〈曾國之謎〉，刊李學勤，《新出青銅器研究》，頁 146～150。

〔註68〕韋昭注：「應蔡隨唐，皆姬姓也。」參閱〔春秋〕左丘明，（三國）韋昭注，上海師範大學古籍整理研究所校點，《國語》，卷十六鄭語，（上海古籍出版社，1983 年 3 月），頁 508，註六。

圖版 2-3-1　古代曾國──隨國地望及相關地名示意圖

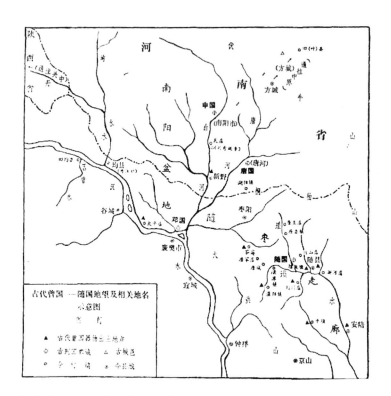

資料來源：石泉，〈古代曾國──隨國地望初探〉，刊《武漢
大學學報》，1979 年 1 期，頁 80。

　　姬姓的隨國，建國時間史無記載。《國語‧鄭語》記載鄭大夫史伯答鄭
桓公云：「當成周者，南有荊、蠻、申、呂、應、鄧、陳、蔡、隨、唐。」
〔註 69〕以此證明至遲在西周晚期，隨國就已在成周以南的江漢地區。從現
已發現的曾器〔註 70〕來看，隨縣河店、安居和棗陽茶庵、吳店出土的幾批

〔註 69〕　《國語》，卷十六鄭語，頁 507。
〔註 70〕　西周晚期至戰國，湖北京山、隨州、棗陽等地，遍佈著曾人活動足跡。其中
　　　　　又以隨州發現的曾器最多，時代也較連貫。其中京山蘇家壠是「曾侯中子游
　　　　　父」之墓，之後又有「曾侯乙墓」。因此這一帶，兩周之際至戰國中期應確實
　　　　　存在過一個曾國。

兩周之際至春秋中期曾國銅器簡表

出 土 地 點	銅　　　器	時　　　代
京山蘇家壠	36 件	西周晚期至春秋早期

曾器，〔註71〕都與《國語》所載的隨國情況可相符。

隨國的歷史，概括《左傳》和其他相關文獻記載，大概可分爲三階段。第一階段從西周晚期至桓公八年（公元前 704 年），是隨國的強大，興旺時期，是與初步強大起來的楚國，可相抗衡的大國。〔註72〕《左傳・桓公六年》楚大夫斗伯比對楚武王說：「漢東之國隨爲大，隨張，必棄小國；小國離，楚之利也。」〔註73〕從此說明了春秋初年隨國的國勢不小，是周圍許多小國所依附的漢東大國。同年，楚侵隨，見隨國有備，未敢動手而退。〔註74〕可見楚國對隨國的忌憚顧慮。

第二階段，從魯桓公至至僖公二十年（前 704～前 640 年），是隨國由強轉弱的時期。桓公八年，楚正式伐隨，利用隨國內部矛盾和弱點，〔註75〕大舉攻隨。隨師大敗求和，從此隨漸削弱，而楚益強。敗後三年，隨國又曾企圖與其他小國共擊楚師，結果被楚師先發制人，以至所謀未成。〔註76〕十餘

京山樟梨樹崗	2 件	西周晚期
隨州熊家老灣	14 件	西周晚期至春秋早期
隨州鯉魚嘴	6 件	春秋中期偏晚
隨州季氏梁	9 件	春秋中期
棗陽吳店	4 件	西周晚期至春秋中期
棗陽茶庵	9 件	春秋早期
新野小西關	25 件	春秋早期

資料來源：陳振裕，《楚文化與漆器研究》（北京：科學出版社，2003 年 7 月），頁 179。

〔註71〕 參閱黃敬剛，〈湖北隨縣新發現古代青銅器〉，刊《考古》，1982 年 2 期，頁139～140。隨州市博物館，〈湖北隨縣安居出土青銅器〉，刊《文物》，1982年 12 期，51～57。田海峰，〈湖北棗陽又發現曾國銅器〉，刊《江漢考古》，1983 年 3 期，頁 101～103 等文。
〔註72〕 石泉，〈古代曾國——隨國地望初探〉，刊《武漢大學學報》，1979 年 1 期，頁62。
〔註73〕 《左傳》，桓公六年，頁 199～120。
〔註74〕 徐少華，〈曾即隨即其歷史淵源〉，刊《江漢論壇》，1986 年 4 期，頁 71。
〔註75〕 楚人利用「隨少師有寵」，楚大夫斗伯比對楚武王說：「仇有釁，不可失也。」建議他應抓住機會進攻隨國。武王乃於西元前 704 年以「楚子合諸侯於沈鹿，黃、隨不會」爲藉口，再次出兵伐隨。由於隨侯這時不聽季梁的意見，採用少師的「速戰」、「當王」的錯誤戰略，結果隨師大敗，向楚乞和而盟。《左傳》，桓公八年，頁 1762。參閱楊範中，〈略論春秋初年的楚、隨戰爭〉，刊《江漢論壇》，1986 年第 4 期，頁 76。
〔註76〕 徐少華，〈曾即隨即其歷史淵源〉，刊《江漢論壇》，1986 年 4 期，頁 72。

年後，魯庄公四年（公元前 690 年），楚武王又大舉伐隨，卒於軍中。楚軍不動聲色，繼續深入隨境，在隨國都城西面的溠水上造橋，做出準備渡河攻取隨都的姿態，迫使隨人求和之後，才勝利回師。〔註 77〕之後，楚成王爭奪王位，在隨人武力支持下成功，可能此時隨之國勢又有所增長。魯僖公二十年（西元前 640 年），隨國又一次率領漢東諸侯叛楚，〔註 78〕說明直到此時，隨國的地位仍不忽視。〔註 79〕但被楚令尹子文進軍打敗，再次被迫求和，從此一蹶不振。

第三階段，從魯僖公二十年至定公四年（前 640～前 506 年）。隨國再次戰敗之後，此後百年餘間，隨國未見經傳，當已大爲削弱。直到魯昭公十七年（前 525 年），《左傳》才在吳楚長岸之戰中提到隨人，但只是作爲楚人的輔助部隊，看守戰利品而已，可見此時隨國地位之低，已成爲楚之附庸。定公四年（前 506 年），吳、唐、蔡三國大舉攻楚，打下楚郢都。楚昭王戰敗奔隨，吳國史臣即到隨索取楚王。隨人婉言拒絕，對吳使答覆說：

> 以隨之辟小，而密邇于楚。楚實存之。世有盟誓，至于今未改。若
> 難而棄之，何以事君？執事之患，不唯一人。若鳩楚竟，敢不聽命。
> 〔註 80〕

這段話反應出，隨國從春秋後期起，就已成爲世代托庇於楚國保護的附庸小國，國勢遠不如春秋前期可與楚之抗衡的大國。

隨國最後一次見於記載，是在《春秋》經文中的哀公元年（前 494 年），此年隨侯率兵參加楚師與陳、許聯兵圍蔡，以報復十二年前蔡與吳、唐聯兵攻楚入郢之役。從經文以隨侯與楚子、陳侯、許男並列，說明隨在楚國勢力範圍內的地位又提高了。杜預於此下注云：「隨世服于楚，不通中國。吳之入楚，昭王奔隨。隨人免之，卒復楚國。楚人德之，使列於諸侯，故得見經。」〔註 81〕估計領土與經濟上也必有所報償，以致曾侯乙墓有那樣高的規格，且

〔註 77〕 石泉，〈古代曾國──隨國地望初探〉，刊《武漢大學學報》，1979 年 1 期，頁 62。

〔註 78〕 《左傳·卷十四·僖公二十年》記載：「隨以漢東諸國叛楚」，頁 455。

〔註 79〕 徐少華，〈曾即隨即其歷史淵源〉，刊《江漢論壇》，1986 年 4 期，頁 71。

〔註 80〕 《左傳》，定公四年，頁 1792。

〔註 81〕 參閱《左傳》哀公元年正月經文下杜預注，頁 1851。孔穎達正義曰：「僖二十年，楚人伐隨，自爾以來，隨不復見。以隨世服于楚，爲楚私屬，不通於諸侯，征伐盟會，不齒於列，故史不得書之。猶如邾、滕爲人私屬，不序於宋盟也。定四年保護昭王，楚得復國，楚人感其恩德，使隨列於諸侯。今楚帥諸侯圍蔡，另隨在其班次，以之告魯，故得見經」，頁 1851。

得以解釋楚惠王之所以贈與鑄鐘給曾侯乙的歷史淵源。〔註 82〕此後隨國就無出現於記載了。

綜上史事，可知至遲西周晚期隨已立國，到春秋初年已經遷入隨棗走廊，成為漢東大國。春秋中期以後，顯著削弱，淪為楚之附庸，但仍維持到春秋末期。公元 505 年以後，隨國由於在楚國危難時掩護過楚昭王，因而在楚國復興後，地位有所提高，由附庸小國又升入諸侯國之列，約至戰國前期亡於楚。這同隨棗一帶，特別是隨縣附近出土曾器所反映出的曾國時限，〔註 83〕以及曾侯乙墓葬規格和墓主身分等，基本上也可相互印證。〔註 84〕

從族姓和地望方面來看，亦可證明「曾即隨」。古文記載，隨是姬姓諸侯國。〔註 85〕之後學者也曾根據壽縣楚幽王墓出土的兩件「曾姬無卹壺」〔註 86〕，（圖版 2-3-2）兩件皆刻有銘文，考證此與楚國多有往來的曾國為姬姓，與《左傳》、《國語》所載妊姓曾國不同族。隨州季氏梁出土的兩件有銘銅戈，一件銘為「穆侯之子，西宮之孫，曾大攻尹季怡之用」；另一件銘文為「周王孫季怡孔臧元武元用戈」。〔註 87〕戈銘曾侯之子又自稱「周王孫」，說明曾國公族必為周宗室之後，確為姬姓。從地望來說，文獻記載中提到的隨國，只說國都在今隨州境內，〔註 88〕或是籠統的說隨為漢東大國，無具

〔註 82〕 徐少華，〈曾即隨即其歷史淵源〉，刊《江漢論壇》，1986 年 4 期，頁 72。

〔註 83〕 從出土曾器來看，時代最早的是隨縣熊家老灣出土的「曾伯文」毀等銅器群，時間在西周東周之際，時代最晚的是安徽壽縣出土的「曾姬無卹壺」，其時限不會早於楚宣王二十六年（公元前 344 年），這時已是戰國中期。從隨國與曾國在隨棗平原上活動的時限看，兩者是大致相合的。參閱姚政〈古曾國考〉，刊《西華師範大學學報》，1980 年 4 期，頁 69～70。

〔註 84〕 石泉，〈古代曾國——隨國地望初探〉，刊《武漢大學學報》，1979 年 1 期，頁 63。

〔註 85〕 《國語‧鄭語》韋昭著：「應蔡隨唐，皆姬姓也。」，頁 508，註六。

〔註 86〕 「曾姬無卹壺」為 1931 年出土於安徽壽縣朱家集楚王墓中，共有兩件。兩件皆刻有相同銘文，皆鑄於壺口內壁，共五行四十字：「佳（唯）王廿又六年，聖之夫人曾姬無卹壺，（吾）宅茲漾陵，萬間之無（匹），用作宗彝之壺，後嗣甬（用）之，（職）在王室。」銘文中涉及曾楚兩國關係，引起許多學者關注研究。各方研究皆有所據，但可知曾楚關係之密切。參閱范常喜〈「曾姬無卹壺」器銘補說〉，刊《東方文物》，2007 年 1 期，頁 84～85。

〔註 87〕 此墓和曾侯乙墓相距約四公里，且發現曾、陳兩國器物同出一墓，尤其此戈的發掘，不但記載此物的主人名，還記載了物主的國別、官職和其與周王室的關係。這發現對於研究曾國歷史及其他諸侯國的關係提供了新的實物資料。參閱隨縣博物館，〈湖北隨縣城郊發現春秋墓葬和銅器〉，刊《文物》，1980 年第 1 期，頁 34～37。

〔註 88〕 《漢書‧地理志‧卷二十八上》：「南陽郡縣隨縣原注」及《左傳‧桓公六年》

體範圍。

　　考古出土的曾器分布範圍，除隨州一帶與文獻材料中的隨國完全相合外，還包括整個隨棗走廊的主要河谷平原，且向西北延伸到南陽盆地東南部；向東南延伸到安陸、京山，從而具體補充了「漢東之國隨為大」的境土所致。〔註89〕

圖版 2-3-2　曾姬無卹壺曾姬無卹壺

資料來源：范常喜〈「曾姬無卹壺」器銘補說〉，頁 80。

　　綜上所述，故認為銅器銘文中的曾國，即文獻中的隨國，是同一諸侯兩個名稱。〔註90〕

杜預注等，都說隨都就在當時的隨縣。唐以後記載如〔唐〕李吉甫，賀次君點校，《元和郡縣圖志・卷二十一》，山南道二，隨州「隨縣」條云：「即隨國城也，歷代不改。」，（北京：中華書局，1983 年 6 月），頁 542。以後諸志皆沿《元和志》之說，而定在今隨縣城。石泉〈古代曾國──隨國地望初探〉：「隨國都城當在今隨縣西北。」，刊《武漢大學學報》，1979 年 1 期，頁 63。〈隨州安居遺址初次調查簡報〉提出：「古隨城當在溳水以北、涢水東岸的今隨州市西十六公里處的安居鎮。」刊《江漢考古》，1984 年第 4 期，頁 1。

〔註89〕徐少華，〈曾即隨即其歷史淵源〉，刊《江漢論壇》，1986 年 4 期，頁 72。

〔註90〕從各方面探討下來，曾、隨為同一時期、同一地區並存的兩個規模相同的漢東同姓大國。那麼這兩個緊鄰之國必應交往頻繁，關係密切，互有和戰。但

二、曾國（隨國）淵源

　　曾隨既是一國，故將曾國的考古資料與有關隨國記載統一使用，進一步探討曾隨的淵源。關於曾隨的淵源目前有兩說，其一為北來說：認為隨是由北方遷來的西周封國；〔註91〕其二是土著說：認為隨是漢東一帶土著姬姓國，不出自周室。〔註92〕對比有關的歷史文獻及考古資料，應為前者所說為是。

　　前文提及隨州季氏梁出土的兩件戈銘自稱「周王孫」、「穆侯之子，西宮之孫，曾大攻尹季怡之用」說明曾國是周之宗室受封於江漢者，而不會是商代武丁卜辭中的「南土」之曾，此曾是否為姬姓，目前尚無材料可證。〔註93〕

　　其次從文化面貌來看，春秋中期以前的曾國銅器，在形制、花紋、銘文字體、行文風格以及鑄造工藝各方面，具有濃厚的姬周風格，〔註94〕整個文化面貌的發展序列也與北方周文化一致。隨棗走廊一帶西州遺址的陶器風格也是如此，大多數與關中地區周文化陶器風格類同。從春秋中期開始，曾器的作風和文化面貌發生了變化，脫離了北方文化的軌跡，體現出較多的楚文化特徵。這一方面是因為曾在春秋中期附屬於楚後，受到楚文化的極大影響。另一方面也是南下江漢地區數百年，潛移默化，隨風就俗，不斷為南方文化所浸染的必然結果。這種由周風變成楚風，由北方文化過渡到南方文化的過程，正是曾人南來落戶於江漢的過程，而不是由傳統土著文化逐漸發展

　　就所知的文獻記載及器物銘文中，皆未見曾、隨分立並存的任何資料。故學者認為曾、隨應為一國二名。一國二名的現象，在古代不乏例證，如商又稱殷、呂又稱甫、楚又稱荊等等。參閱石泉〈古代曾國——隨國地望初探〉，刊《武漢大學學報》，1979年1期，頁64。曾國在銅器銘文中寫作「曾」，國君稱為「曾侯」；文獻中則皆作「隨」，國君因此稱作「隨侯」。楚人在銅器中自銘為「楚」，從不稱作「荊」，但文獻中卻屢見「荊楚」、「荊蠻」。是他國以荊山代指楚國。而他國亦以曾都隨城指代曾國，稱之為「隨」。參閱何浩，〈從曾器看隨史〉，刊《江漢考古》，1988年第4期，頁53～55。

〔註91〕姚政，〈古曾國考〉，刊《西華師範大學學報》，1980年4期，頁63～66。

〔註92〕參閱舒之梅、劉彬徽，〈論漢東曾國為土著姬姓隨國〉，刊《江漢論壇》，1982年第1期，頁72～77。

〔註93〕土著說也引用了同兩件戈銘，作為肯定曾是姬姓國的鐵証，但卻忽視了銘文中明確提到器主是「周王孫」、「穆侯之子」的公子身分。參閱徐少華，〈曾即隨及其歷史淵源〉，刊《江漢論壇》，1986年4期，頁74。

〔註94〕曾國青銅器在春秋中期以前明顯的表現出周文化特徵，如附耳鼎總是模式化的作寬體淺腹狀，上腹飾一周竊曲紋，腹下接誇張的獸蹄形足。曾國銅簋的形制全面承襲周式斂口簋，乃至於在不同期別少有變化。參閱張昌平，〈曾國青銅器簡論〉，刊《考古》，2008年第1期，頁83。

形成。〔註95〕

　　曾隨何時受封於江漢？宋代出土於安陸的「安州六器」之一中的甗記載周王南征，派大臣「中」到「曾」爲周王安置行帳，同時「中」還到了「方、邓」等地。李學勤先生認爲此曾即江漢之曾。〔註96〕「安州六器」的時代，是記周昭王晚年南征之事。〔註97〕得知，曾國至遲於昭王時已在隨棗走廊一帶，可能在成王時的大分封中，就與「漢陽諸姬」一起，受封於江漢地區了。

　　隨著考古發現，隨棗走廊出土了幾批西周早年中期的青銅器，爲這些問題提供了新資料。1975 年，在隨州以西約 20 公里的安居羊子山，出土了四件青銅器，鼎、簋爵、尊各一件。其中鼎、簋、爵當屬一組，從形制花紋看，應爲周初武、成之世。尊爲鄂侯器，時代要晚一些。〔註 98〕鄂是西周強國，鄂侯之器出於隨州，必有因可究。

　　1980 年，隨州博物館又在安居羊子山清理了一座墓葬，出土青銅十八件，〔註 99〕此組銅器的形制、花紋據有穆王時期的作風，爲西周中期前段。之後，棗陽縣文化館又收集到一件青銅器，〔註100〕器作折沿、土耳、垂腹、三柱足，屬於西周中期前段器物。

　　這幾批銅器從組合到形制、花紋機本屬於中原作風，時代爲西周早、中期，正好與西周晚期有銘曾國銅器相銜接。棗陽銅鼎出於歷年曾器出土範圍內，隨州羊子山一帶，是一片兩周墓地，位於曾都故址東北不到一公里，〔註101〕屬於曾國遺物的可能性較大。

　　在隨棗走廊曾國銅器出土範圍內，也有大量西周文化遺址分布。如隨州廟台子、棗陽毛狗洞、隨州點將台、張家灣、趙家廟、肖家灣、棗陽前橋寺、小高庄、朱家樓等遺址出土的陶器。〔註102〕雖然這一地區陶器的陶質、陶色

〔註95〕徐少華，〈曾即隨即其歷史淵源〉，刊《江漢論壇》，1986 年 4 期，頁 74～75。

〔註96〕江鴻，〈盤龍城與商朝的南土〉，刊《文物》，1976 年第 2 期，頁 42～46。

〔註97〕徐少華，〈曾即隨即其歷史淵源〉，刊《江漢論壇》，1986 年 4 期，頁 72。

〔註98〕隨州市博物館，〈湖北隨縣發現商周青銅器〉，刊《考古》，1984 年第 6 期，頁 510～514。

〔註99〕隨州市博物館，〈湖北隨縣安居出土青銅器〉，刊《文物》，1982 年第 12 期，頁 51～57。

〔註100〕此器現藏於棗陽文化館，參閱徐少華，〈曾即隨及其歷史淵源〉，刊《江漢論壇》，1986 年 4 期，頁 75。

〔註101〕隨州市博物館，〈湖北隨州安居遺址初次調查簡報〉，刊《江漢考古》，1984 年第 4 期，頁 1～7。

〔註102〕從廟台子、毛狗洞兩遺址從西周文化內涵來看，西周早期陶鬲具有姬周文

以及少量器形具有一定地方色彩，但總體文化面貌卻多爲北方周人風格。這些遺址的文化內涵表明，西周初期當有部分周人南下，在隨棗走廊一帶長期活動。這些周人可能就是受封於江漢地區的曾人或「漢陽諸姬」，這一帶西周早、中期文化遺存和遺物與早期曾國有著內在的聯繫。

三、曾國與楚國關係

在西周時期至春秋初期，曾、楚都是周王朝的兩個各自獨立的諸侯國。公元前 706 年，楚武王興兵伐隨。這是楚人立國後第一次向周天子所封諸侯國家的重大軍事行動。他標誌著楚國從原來的「篳路藍縷，以處草莽，跋涉山林，以事天子。」〔註103〕的卑弱落後狀態，進入了雄心勃勃銳意進取的發展時期。而楚國在對外擴張時，爲何首先興師兵伐隨？這和楚人當時所楚的歷史背景、戰略要求與隨國的戰略地位，有很密切的關係。〔註104〕

楚人自稱是「蠻夷」，原來僻在荆山，是一個叢爾小邦。之後乘著周室衰微，諸侯相伐之機，不斷向外擴張自己的勢力，興兵伐庸、伐楊粵，至於鄂。〔註105〕但其經略，「皆在江上楚蠻之地。」〔註106〕當時，勢力範圍並不大。直到楚武王時，直接控制的中心地區，還是「土不過同」。〔註107〕所征服的對象，也都是一些蠻夷部族，是經濟文化十分落後的地區。楚人即使威行此地，

化的獨特風格；西周中晚期的陶鬲也與中原風格接近，而與江漢地區較有特徵的連檔、柱足，小口鬲有別。其他如罐、盂、豆、盆等大多數陶器也多具中原特色。毛狗洞所出卜骨形式、鑿法、用料與澧西所出卜骨極爲相似。參閱方殷，〈隨州西花園、廟台子遺址發掘簡述〉，刊《江漢考古》，1984年第 3 期，頁 12～13。及徐少華，〈曾即隨及其歷史淵源〉，刊《江漢論壇》，1986 年 4 期，頁 75。

〔註103〕西周初年，周成王把一塊鞭長莫及的蠻荒之地封給楚族酋長熊繹，此後二、三百年間，楚人在其首領的率領下艱苦創業。參閱《左傳》，宣公十二年，頁1502。

〔註104〕楊範中，〈略論春秋初年的楚、隨戰爭〉，刊《江漢論壇》，1986 年第 4 期，頁 76。

〔註105〕楚人爲了掠奪鄂東的紅銅資源，故興兵伐之，控制了江漢平原中部，經濟也轉弱爲強。參閱熊傳新，《楚國·楚人·楚文化》，（臺北：藝術家出版社，2001年 11 月 1 版），頁 14。

〔註106〕〔漢〕司馬遷，楊家駱主編，《史記》，新校本史記三家注並附編二種二，（臺北：鼎文書局，1979 年 2 月），楚世家，頁 1661。

〔註107〕《左傳·昭公二十三年》杜預注：「方百里爲一同、方千里爲圻」，所謂土不過同，即言未滿一圻，也就是所轄領土不到方千里。頁 1657。

在諸侯中也影響不大，對楚國本身的發展幫助也有限。因此，楚國要發展強大，就必須朝向經濟文化較有發展的中原地區推進，這乃是楚國當時戰略利益之所在。

楚武王執政後，就將北進中原、圖謀霸業作爲自己的戰略方針。〔註108〕楚人要北圖中原，從軍事政治角度來看，首先必須佔領漢水與淮水之間的戰略要地。而要控制這一區，就要以政治或軍事手段征服分布在這一地區中的大小諸侯。因此，作爲這一地區最大的諸侯，又鄰近楚人的隨國，就成爲楚人首先進攻的攻擊目標。〔註109〕

楚和隨之間的戰爭前以略述，在此不再贅述。《左傳・莊公四年》記載：「莫敖以王命入盟隨侯，且請爲會于漢汭，而返」。〔註110〕《左傳》在此並未說明盟的性質，但從此後武王之子文王伐申、邓、息、蔡、鄭，並將申、息、邓等國並滅於楚，而隨至春秋末年吳楚柏舉之戰中尚存，並冒著風險掩護楚昭王的情況來分析，似可肯定隨國在楚武王之後，雖仍保其社稷，然已成爲楚之附庸，「世服于楚」〔註111〕。《左傳・哀公十七年》所記子穀曰：「觀丁父，都俘也，武王以爲軍率，是以克州、蓼，服隨、唐」〔註112〕等語，正說明了這一歷史情況。實際上，從當時情況分析，也不難看出，文王雄心勃勃率師北上遠征申、息、邓、蔡諸國，是絕對不能容忍一個獨立自主的隨國逞強於楚師之後。〔註113〕

從曾侯乙墓中所出土的竹簡裡，簡文記載爲曾侯乙贈贈車馬的官員有：王、太子、令尹、魯殤公、殤城君、坪夜君等等。王、太子、令尹無疑是楚國的王、太子、令尹。魯殤公、殤城君也都是楚國的邑君。坪夜即古籍中的

〔註108〕《史記・楚世家》所記楚王語：「我有敝甲，欲以觀中國之政。」，頁1659。《左傳・卷五・桓公二年》：「蔡侯、鄭伯會于鄧，始懼楚也」的記載，頁173。都從不同側面反映出楚人的這一戰略思想。參閱何浩，〈從蔡、鄭「懼楚」看楚人北進中原的時間〉，刊《武漢師範大學學報》，1983年第2期，頁59〜62。

〔註109〕除了軍事政治的必要性外，從地理位置來看，楚人首先興兵伐隨也非偶然。顧祖禹《讀史方輿紀要・卷七十七・隨州條》說：「(隨)州北接甌阨，東蔽漢沔，介裏、邓、申、安之間，實爲重地。」可見其位置之重要。

〔註110〕《左傳》，莊公四年，頁258。

〔註111〕《左傳》，哀公元年，杜預注，頁1851。

〔註112〕《左傳》，哀公十七年，頁1861。

〔註113〕楊範中，〈略論春秋初年的楚、隨戰爭〉，刊《江漢論壇》，1986年第4期，頁79。

「平輿」，戰國時為楚邑。楚簡資料中，一般稱他國之人為「某（國別）客」，或者在其官名前標明國別。該墓簡文對楚王、楚太子、楚邑君不稱「楚」，而直稱，反映出曾國已經淪為楚國的附庸。〔註114〕

隨州季氏梁（圖版2-3-3）出土的春秋中期曾國「季怡戈」〔註115〕，銘文中「大工尹」的官名，曾見於安1957年安徽壽縣出土的楚「鄂君啓金節」；（圖版2-3-4）〔註116〕《左傳》文公十年、成公十六年等處記載有楚「工尹」，可見楚在春秋之初已設此官名，其年代比「季怡戈」稍早。在先秦其他諸侯則無此官名，顯系源自楚國，而為曾國所借用。這個例子反映出到春秋中期，楚的影響對曾國已較深了。〔註117〕

曾侯乙墓所出土的竹簡記載御車者時，提到不少官名：如右令、宮厩令、差（左）令、鄰連敖、新官令等等。按理說這些御者應該都是曾侯乙的屬臣，即曾國官員，但他們的官名卻多與楚國相同。〔註118〕簡文所記贈馬者，不少是有官職的，其中很多官名也見於楚國。可見曾國與楚國有著相同或類似的官制。

綜上所述，其時曾國的確已成為楚的屬國。也正因如此，曾侯乙墓中出土的文字資料帶有濃厚的楚文字風格。〔註119〕除了竹簡文字，從墓中器物亦顯見楚文化對曾國的影響。

楚的這種擴展趨勢，客觀上促進了南北文化交流。一方面，楚國不斷吸取發展水平很高的中原文化和周邊各國的文化以豐富自己，終至成為獨具特

〔註114〕胡平生、李天虹，《長江流域出土簡牘與研究》（武漢：湖北教育出版社，2004年10月1版），頁98。

〔註115〕戈有兩件，一件銘文為「周王孫季怡孔臧元武，元用戈」，另一件為「穆侯之子西宮之孫曾大攻（工）尹季怡之用」。參閱舒之梅、劉彬徽，〈從近年出土曾器看楚文化對曾的影響〉，刊湖北省楚史研究會，《楚史研究專輯》（湖北：湖北省楚史研究會，1983年），頁113，註8。

〔註116〕「鄂君啓金節」是用青銅制成。中間有一個竹節，分器面為兩段，上長下短。器面上鏤刻八條陰文直線，以為錯金字的直格。錯金銘文，字形耀目，筆畫熟練勁秀，與壽縣朱家集楚器刻銘相較，體勢如一。參閱殷滌非、羅長銘，〈壽縣出土的「鄂君啓金節」〉，刊《文物》，1958年4期，頁8～9。

〔註117〕舒之梅、劉彬徽，〈從近年出土曾器看楚文化對曾的影響〉，刊湖北省楚史研究會，《楚史研究專輯》，頁107。

〔註118〕楚有宮厩尹，見《左傳》襄公十五年和昭公元年。《左傳》昭公二十七年記楚有「右領」，整理者疑即「右令」之訛。參閱胡平生、李天虹，《長江流域出土簡牘與研究》，頁98。

〔註119〕胡平生、李天虹，《長江流域出土簡牘與研究》，頁98～99。

色炫麗燦爛的楚文化；另一方面，楚文化亦影響了他國文化，特別是隨著其政治統治的到達和加強，這種影響更日益強烈。就是這樣的歷史條件下，曾國文化便打上了楚文化的烙印。

圖版 2-3-3　季氏梁墓葬位置

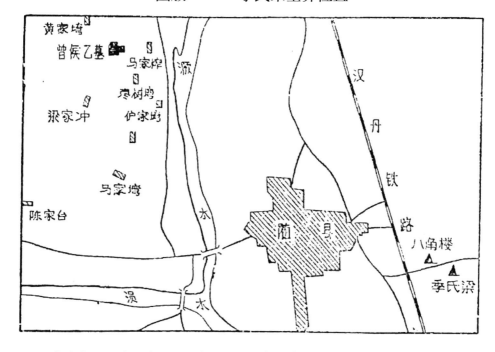

資料來源：隨縣博物館，〈湖北隨縣城郊發現春秋墓葬和銅器〉，
刊《文物》，1980 年 1 期，頁 84，圖一。

圖版 2-3-4　鄂君啟金節合圖鄂君啟金節銘文摹本

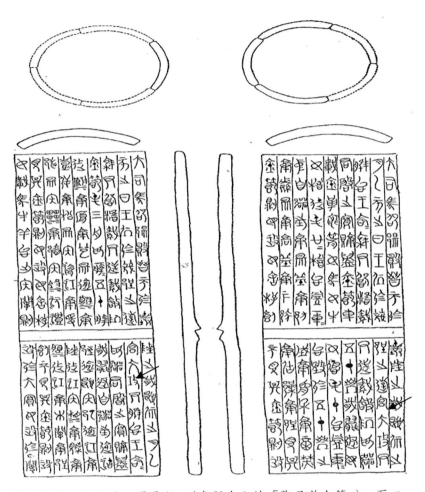

資料來源：殷滌非、羅長銘，〈壽縣出土的「鄂君啓金節」〉，頁 9，
　　　　　圖 1、2。

第三章　楚文化對曾國的影響

第一節　楚國與楚文化

一、楚文化概念

楚文化是以江漢地區爲中心發展起的一支古文化，因楚國和楚人得名，是周代的一種區域文化。任何文化都是由多元因素結合而成的複合體，他不是一個單一概念，是物質文化和精神文化的總和。〔註1〕有時間、空間、民族的限定，即楚人在這一定時間、一定區域內的活動總和，構成楚文化的實際內容。包含社會型態、宗教哲學、語言藝術、物質生產等等。通過各種具有明顯自身特色的文化要素呈現出其文化內涵，〔註2〕即蘇秉琦先生所述：

> 楚文化就是『楚』的文化。這個「楚」有四個互相關聯又互相區別
> 的概念：第一是地域概念；第二是國家概念；第三是民族概念；第
> 四是文化概念。作爲一種考古學文化，楚文化的內容和特徵還是一
> 個有待探索的課題。……我們不能簡單地說，楚地、楚國、楚族的
> 文化就是楚文化，因爲前三者是因時而異的。〔註3〕

楊權喜先生進一步說明這四個概念：

〔註1〕　張正明，《楚文化史》（南京：上海人民出版社，1987 年），導言，頁1～3。
〔註2〕　院文清，〈長江文化中楚文化之形成與發展〉，刊南京博物院主編，《東南文化》，1991 年 6 期，頁 7。
〔註3〕　蘇秉琦，《蘇秉琦考古學論述選集》（北京：文物出版社，1984 年），頁 218。

（一）地域概念：楚地，指長江中游地區，以及後來拓展的各地區。

（二）國家概念：從西周熊繹被封楚國開始，至秦殲滅楚國，約八
　　　　　　　　百年。[註4]

（三）民族概念：即荊楚民族。

（四）文化概念：大約在春秋中期前後，以荊楚民族為主體，以楚
　　　　　　　　國為中心的楚文化體系約略形成。[註5]

　　相較於會因時而異的前三概念，筆者以為其中的文化概念是最為重
要。如同俞偉超先生所述：「這種文化遺存有一定的時間範圍、一定的空間
範圍、一定的族屬範圍、一定的文化特徵內涵。在這四個方面中，一定的
文化特徵內涵是最重要的。」[註6] 也因此，在探究楚文化時，除了看其歷
史範疇外，更應著重於所表現的文化特徵內涵。郭維德先生從狹義、廣義
兩方面來說：

　　　　狹義的楚文化是指楚地、楚人（楚民族）所創造的，具有獨特風格
　　　　的物質與精神文化。但就廣義而言，凡受楚文化強烈影響，具有楚
　　　　文化的某些基本特徵[註7]的文化都應劃入楚文化的範疇。[註8]

　　如同張正明先生認為，研究楚墓的主要目的，並非查明楚國的邊界，而
是要認識考古學上的楚文化，以文化標準來界定楚墓。如同本文所介紹的曾
侯乙墓，墓主雖非楚人，但其所出的銅器、漆器及大部分的隨葬品皆屬於楚
文化系統，葬俗亦帶有楚文化特徵。因此無論是否屬於楚墓，是否為楚國楚
人所創，就其表現出的文化特性即應劃入楚文化範疇。[註9]

〔註4〕　楚文化對荊楚之外的其他地區，和楚國滅亡之後的秦漢文化，都存在著深遠
　　　　的影響。成都平原、吳越地區、珠江流域等區域都有楚文物出土，南方的秦
　　　　漢城址、墓葬中也屢有具楚文化風格的器物發現。

〔註5〕　楊權喜，《楚文化》（北京：文物出版社，2000年10月），頁2～4。

〔註6〕　俞偉超，《先秦兩漢考古學論文集》（北京：文物出版社，1985年），頁243。

〔註7〕　楚文化的基本特徵可從出土器物探知：如頗具特色的「楚式鬲」、和中原迥異
　　　　的銅器風格：楚器器身較為渾厚，紋飾作風豪放及大量精美的漆器等等。參
　　　　閱李紹連，〈楚文化起源的幾個問題〉，刊河南省考古學會編，《楚文化研究論
　　　　文集》（河南：中州書畫社出版，1983年），頁96～99。

〔註8〕　郭維德，《楚系墓葬研究》，序言。

〔註9〕　張正明，〈楚墓與楚文化〉，刊孫傳賢主編，《中原文物》，1989年第2期，頁
　　　　37～39。

二、楚文化淵源

（一）楚之先祖

　　楚文化成長於江漢地區，但是他的主源並非在江漢之間。〔註10〕楚國大詩人屈原在《離騷》中追述楚國先祖時說到：「帝高陽之苗裔兮，朕皇考曰伯庸。」〔註11〕屈原和楚王爲同宗的貴族，史稱楚武王熊通生子瑕，受封於屈，遂以屈爲氏，屈原即其後。顓頊號稱高陽氏，屈原既以高陽苗裔自詡，表明楚之公族確認顓頊爲其遠祖。〔註12〕《山海經‧大荒西經》亦云：「顓頊生老童，老童生祝融。」〔註13〕由上述得知：顓頊、祝融皆爲楚之先後的遠祖。

　　《史記‧楚世家》亦清楚記述：

> 楚之先祖出自帝顓頊高陽，高陽者黃帝之孫、昌意之子也。高陽生稱，稱生卷章，卷章生重黎。重黎爲帝嚳高辛氏火正，甚有功，能光融天下，帝嚳命之曰祝融。共工氏作亂，帝嚳使重黎誅之而不盡，帝乃以庚寅日誅重黎，而以其弟吳回爲重黎後，復居火正，爲祝融。吳回生陸終，陸終生子六人，坼剖而產焉。其長，一曰昆吾；二曰參胡；三曰彭姓；四曰會人；五曰曹姓；六曰季連，羋姓，楚其後也。昆吾氏，夏之時嘗爲侯伯，桀之時湯滅之。彭祖氏，殷之時嘗爲侯伯，殷之末世滅彭祖氏。季連生附沮，附沮生穴熊。其後中微，或在中國，或在蠻夷。弗能紀其事。周文王之時，季連之苗裔曰鬻熊。鬻熊子事文王，蚤卒。其子曰熊麗。熊麗生熊狂。熊狂生熊繹。熊繹當周成王之時，舉文、武勤勞之後嗣，而封熊繹於楚蠻，封以子男之田，姓羋氏，居丹陽。〔註14〕

　　從《史記》記載中顯示，楚人是祝融的後裔，祝融是高辛的火正。高辛，即帝嚳。火正，乃生爲火官之長，死爲火官之神。高辛與祝融之間傳說的君

〔註10〕　新石器時代江漢地區的土著，是傳說中的三苗。《戰國策‧魏策一》記載：「三苗之居，左有彭蠡之波，又有洞庭之水，文山在其南，而衡山在其北。」按此說，江漢地區正是三苗的腹地。遠古之世，江漢地區的部落流徙不定。不同族類之間，此退彼進，此消彼長。先後兩種文化之間，未必有內在的傳襲關係。參閱張正明，《楚文化史》，頁3～4。

〔註11〕　黃靈庚集校，《楚辭集校》（上海：上海古籍出版社，2009年11月），頁9。

〔註12〕　馬世之，《中原楚文化研究》（武漢：湖北教育出版社，1995年初版），頁6。

〔註13〕　袁珂校譯，《山海經校譯》（上海：上海古籍出版社，1985年9月），頁270。

〔註14〕　《史記》，楚世家，頁1689。

臣關係，反映了兩個分別奉高辛和祝融爲始祖的部落集團之間的主從關係。這個主從關係給祝融後裔留下了深刻的印象，以致楚人在所有古帝中特別推崇高辛。長沙市子彈庫楚墓出土的帛書，有「帝夋乃爲日月之行」句〔註15〕。帝夋，即高辛的別稱帝俊。顯而可見，楚人把高辛尊奉爲宇宙的主宰。

《左傳・僖公二十六年》記載：「夔子不祀祝融與鬻熊，楚人讓之。對曰：『我先王熊摯有疾，鬼神弗赦，而自竄於夔，是以失楚，又何祀焉？』秋，楚成得臣、斗宜申帥師滅夔，以夔子歸。」杜預注：「祝融與鬻熊皆楚之先祖，而夔爲楚之別封。」〔註16〕楚國的別封之君夔子不祀祝融和鬻熊，楚人以爲大逆不道，舉兵攻滅了夔國。從此處可見，在楚人心中，祝融有其崇高的地位。楊寬在《中國上古史導論》中言：「祝融即朱明、昭明，本殷人東夷之日神，火神。楚本亦殷人東夷之族，及其南遷，遂自以爲火正祝融之後。」除此之外，部分學者研究指出，楚系簡帛中所記的「楚先」，指的便是「老童、祝融」。〔註17〕

從上舉史料可得：楚人爲顓頊，祝融的後裔，其間存在著明顯的淵源關係，從若干盛行的圖騰崇拜，將助益於解析其文化傳承的歷史軌跡。

（二）圖騰崇拜

圖騰崇拜是最古老的宗教形式之一，他是與氏族社會結構並存的。母系氏族社會是崇拜圖騰的昌盛時期，父系氏族社會則逐漸進入衰弱階段。人類學家摩爾根在《古代社會》一書中說道：圖騰，是北美印第安人鄂吉布瓦（jibwas）族的方言，意爲「他的親族」，意指一個氏族的標誌或圖徽。〔註18〕

〔註15〕 長沙子彈庫出土的帛書《四時》，是爲宇宙創生神話的情節內容。其中言「日月夋」、「帝夋乃爲日月之行」，夋應爲太陽神，主宰宇宙。參閱江林昌，《楚辭與上古歷史文化研究——中國與古代太陽循環文化揭秘》（濟南：齊魯書社出版，1998年5月），頁272～275。

〔註16〕 《左傳》，僖公二十六年，頁466。

〔註17〕 楚卜祭禱簡所記楚人祀譜有「楚先」之稱。葛陵簡、望山簡、包山簡所記「楚先」爲「老童、祝融」，而新蔡葛陵楚簡出現的「三楚先」，則是指「老童、祝融、穴熊」。參閱劉信芳，《楚系簡帛釋例》（安徽：安徽大學出版社，2011年12月初版），頁321～325。

〔註18〕 原始人曾先後產生三種「圖騰」涵義：圖騰是血緣親屬；圖騰是祖先；圖騰是保護神。參閱何星亮，《中國圖騰文化》（河北：中國社會科學出版社，1992年），頁9～11。

圖騰是對某一種特定的動植物或其他自然物有目的崇拜。已從盲目崇拜個別自然現象發展為綜合的概括，是原始宗教信仰的重要突破。顓頊是一個大族，其圖騰有星、龜、魚、鳥、龍、蛇、豬，此外，還有日、虎、桃等。祝融部落的圖騰有蛇、穀、雲、棗、桑甚、羊、日、星、龍、鳳等。〔註19〕顓頊與祝融部落的圖騰大都是遠古楚人圖騰崇拜的對象。其中最具代表性的臚列如下：

（一）太　陽

顓頊號稱高陽，丁山在《中國古代宗教與神話考》中論及：「高陽，是為帝顓頊，無異說顓頊即是日神。……高陽，即是高明的太陽。」〔註20〕故顓頊的神格為日，是一個崇拜太陽的部落。〔註21〕

祝融也是一個崇拜天體的部落。史稱吳回與重黎俱為祝融。《國語·鄭語》史伯曰：「夫黎高辛氏火正，以淳燿敦大天明地德，光照四海，故命曰祝融，其功大矣。」〔註22〕《史記·楚世家》集解引虞翻曰：「祝，大；融，明也。」又引韋昭曰：「祝，始也。」〔註23〕《左傳·昭公二十九年》杜注：「祝融，明貌。」〔註24〕可知其神格，仍屬日神。〔註25〕楚人承襲顓頊與祝

〔註19〕 許順湛，《中原遠古文化》（河南：河南人民出版社，1983年），頁419～421。
〔註20〕 丁山，《中國古代宗教與神話考》（南京：上海文藝出版社，1988年），頁364～365。
〔註21〕 此外，亦有學者指出《楚辭》裡便潛在一個太陽崇拜系統：《離騷》開章明義的「帝高陽之苗裔兮，朕皇考曰伯庸；攝提貞與孟陬兮，惟庚寅吾以降。」就充滿著太陽崇拜的內容；也只能以「泛太陽教」或「太陽神文化」諸契機為鑰匙，才能破譯暗藏在屈原詩篇裡環繞著「太陽崇拜」或光明崇拜的秘密編碼。高陽氏帝顓頊本來是東北夷的始祖兼太陽神，隨著東方——南方文化的接觸交流，被楚王祖祀為先祖。《楚辭·大招》歌頌他：「名聲若日，照四海只；德譽配天，萬民理只。北至幽陵，南交阯只，西薄羊腸，東窮海只。」參閱蕭兵，〈楚辭民俗神話與太陽文化因子（引論）〉，刊《楚辭與神話》（江蘇：江蘇古籍出版社，1987年4月），頁4。
〔註22〕 《國語》，鄭語，頁488。
〔註23〕 《史記》，楚世家，頁1689。
〔註24〕 《左傳》，昭公二十九年，頁1677。
〔註25〕 朱俊明，〈楚人拜日說〉中言：在古代，圖騰崇拜的對象因族而異。殷周秦漢時期的情形，古文獻的記載很混亂，但就中仍可看出，主要是對動物的崇拜。其具有群體性者，大體有三：一是殷集團的百鳥圖騰，二是東南和華南的蛇（龍）圖騰，三是西方以周為代表的古羌集團的羊圖騰。楚人崇拜的對象則是太陽。傳說中的楚先祖，黃帝至吳回，大都與日有所關聯，皆是太陽神。刊《求索》（長沙：求索雜誌社，1986年1期），頁98～99。

融，以日為其圖騰。楚字或可寫成「陽」，荊楚在《鹽鐵論‧通有》中即作「荊陽」。〔註26〕楚人喜頌日神，如《楚辭‧少司命》：「暾將出兮東方，照吾檻兮扶桑。」〔註27〕另引湖南長沙馬王堆一號墓出土的帛畫，亦見八輪小太陽分佈於扶桑間，〔註28〕（圖版 3-1-1）以楚地出土的文物，得能與文獻中的「荊陽」相互勘考，果見吻合不訛。《楚辭》又有專章〈東君〉，王逸注：「東君，日也。」〔註29〕描寫太陽神夜行。「青雲衣兮白霓裳，舉長矢兮射天狼；操余弧兮反淪降，援北斗兮酌桂漿。」便是敘述太陽西下，群星眾現的場景。〔註30〕

另據周原甲骨卜辭，楚字字形作兩木之間夾一倒三角形，這一倒三角形實際上是「〇」，原因是為便利契刻。所以「楚公鍾」銘，就寫作兩木中間夾一圓圈，林間的「〇」是太陽。西南昭王「小臣夌鼎」銘文兩見楚字寫法又變為：林中夾的圓圈中加一點，下加一短豎；有的短豎下還加一短橫；其林間的 ♀、♂，表示從土地上東升的旭日，從日丁聲，及且字。《離騷》說楚人為「高陽之苗裔」，古楚字的結構正是這種形象最生動的寫照。從中不難窺悉楚人的圖騰意識中，蘊含著渠等先祖和苗裔的血緣關係。〔註31〕

〔註26〕徐德培集釋，《鹽鐵論集釋》（臺中：文聽閣圖書有限公司，2010 年 5 月），頁17。

〔註27〕黃靈庚集校，《楚辭集校》，頁 380。

〔註28〕黃師建淳，〈漢代辟邪神獸的玉文化〉，刊《淡江史學》，第 25 期。

〔註29〕黃靈庚集校，《楚辭集校》，頁 425。

〔註30〕江林昌，《楚辭與上古歷史文化研究——中國古代太陽循環文化揭秘》，頁 27。

〔註31〕朱俊明，〈楚人拜日說〉，刊《求索》，1986 年第 1 期，頁 100。

圖版 3-1-1　馬王堆一號墓彩繪帛畫示意圖

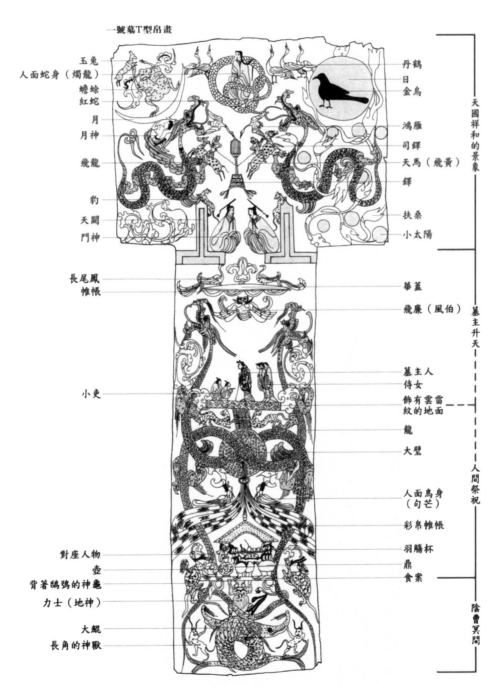

資料來源：黃建淳，〈漢代辟邪神獸的玉文化〉，線圖 2。

（二）鳳

在楚人看來，鳳是至眞、至善、至美的神鳥，[註32]對鳳極爲尊崇。楚國的文物中，鳳的雕像和圖像多得不勝枚舉，遠非周代他國可比。如荊州天星觀2號墓出土的虎座鳥架鼓（圖版3-1-2）、壽縣出土的龍鳳相鬥青銅雕像、長沙出土帛畫上的鳳龍圖像、荊州馬山一號墓出土繡羅禪衣上的鳳與龍虎圖像（圖版 3-1-3）[註33]等。其中類似虎座鳳鳥架鼓樣式的造型，還可見於河南省淮陽縣平糧臺出土的玉雙鳥雙獸璧形器，（圖版3-1-4）兩側雕有相向的立鳥，鳥冠、喙、羽尾皆清楚可見，下部爲兩相背伏臥的連尾雙獸，整體形象和虎座鳥架鼓頗爲相似，十分特別。雖降至春秋戰國之世，這些龍鳳圖像已脫離了其原始樣貌，但仍可視爲圖騰的遺韻，富有其民族的象徵和歷史的軌跡。

圖版 3-1-2　戰國荊州天星觀 2 號墓出土虎座鳥架鼓

資料來源：荊州博物館館編，《荊州博物館館藏精品》，頁 40，
圖 39；頁 91，圖 83。

[註32] 張正明，《楚文化史》，頁 7。
[註33] 部分學者認爲此圖像乃鳳搏龍虎之意，鳳爲楚自身的代表，龍爲中原周朝，虎即巴人，是楚人強盛時期心態的反映，亦爲楚與中原及巴民族文化相互交融的表現。參閱劉咏清〈楚繡「鳳搏龍虎」紋之文化意涵〉，刊《裝飾 ART & DESIGN》（北京：清華大學，2005 年 7 月總第 147 期），頁 36～37。

圖版 3-1-3　戰國荊州馬山一號墓出土龍鳳虎紋繡羅襌衣局部

資料來源：荊州博物館館編，《荊州博物館館藏精品》，頁 40，
　　　　　圖 39；頁 91，圖 83。

圖版 3-1-4　戰國晚期河南省淮陽縣平糧臺玉雙鳥雙獸璧形器

資料來源：楊柏達主編，《中國玉器全集》（上），頁 304，圖 269。

　　楚人的鳳，雖有各種不同的形體姿態，但都顯得雍容華貴、器宇非凡。楚人以為，在鳳的引導下，人的精魂才得以飛登九天。屈原在《離騷》中寫道：「吾令鳳鳥飛騰兮，繼之以日夜。」〔註34〕《莊子・逍遙遊》說：「鵬之徙於南冥也，水擊三千里，摶扶搖而上者九萬里，……」〔註35〕這鵬，就是大鳳。〔註36〕《山海經・大荒北經》云：「顓頊生驩頭。」〔註37〕《大荒南經》說：「驩頭人面鳥喙有翼。」〔註38〕一如藏於荊州博物館的「漆鳳鳥羽人」，今日看來係一描思奇特、想像豐富的美術造型，但它卻是顓頊時代所崇奉的圖騰。（圖版 3-1-5）類似此種神話信仰的表現，亦可見於湖北荊州熊家冢墓地出土的神人乘獸形玉珮。（圖版 3-1-6）此種形象的設計，皆是楚人將其信仰呈現在文物藝術上的美術創作。

圖版 3-1-5　戰國荊州天星觀 2 號墓出土漆鳳鳥羽人

資料來源：荊州博物館館編，《荊州博物館館藏精品》，頁 45，圖 43。

〔註34〕　黃靈庚集校，《楚辭集校》，頁 8。
〔註35〕　〔戰國〕莊周著，張京華校注，《莊子注解》（長沙：岳麓書社，2008 年 5 月），頁 7。
〔註36〕　相信鳳與他們的祖先有某種親緣關係，所以把自己認為美好的特性和特徵賦予鳳。他們尊崇鳳，就是尊崇自己的祖先。參閱張正明，《楚文化史》，頁 7。
〔註37〕　袁珂校釋，《山海經校釋》，大荒北經，頁 287。
〔註38〕　袁珂校釋，《山海經校釋》，大荒南經，頁 260。

圖版 3-1-6　戰國早期神人乘獸形玉珮（湖北省荊州市熊家冢墓地出土）

資料來源：荊州博物館編，《荊州楚玉》，頁 157，圖 113。

　　祝融亦是崇鳳之族，因鳳爲祝融之化身。《白虎通・五行篇》說：「南方之神，祝融。其精爲鳥，離爲鸞。」〔註39〕對於楚人來說，一個是作爲姓祖之神的祝融，一個是作爲始祖之靈的鳳，二位一體。〔註40〕而祝融集團所依附的高辛部落集團，亦是以鳥爲圖騰。帝夋的「夋」字，甲骨文寫作鳥首人身狀。（夋）〔註41〕《天問》：「簡狄在台嚳何宜，玄鳥致貽女何喜？」〔註42〕《離騷》：「鳳皇既受詒兮，恐高辛之先我。」〔註43〕《史記・殷本紀》：「見

〔註39〕〔清〕陳立疏證，《白虎通疏證》，光緒元年春，淮南書局刊，（臺北：廣文書局印行，民國 101 年 3 月），頁 211。

〔註40〕張正明，《楚文化史》，頁 10。

〔註41〕〔漢〕許慎〔清〕段玉裁注，《說文解字注》（上海：上海古籍出版社，1981年 10 月，頁 232。

〔註42〕黃靈庚集校，《楚辭集校》，頁 521。

〔註43〕黃靈庚集校，《楚辭集校》，頁 5。

玄鳥墮其卵，簡狄取吞之，因孕生契。」〔註44〕此皆是以帝夋太陽人格神和鳳鳥圖騰相疊合的角度立言。〔註45〕楚人以鳳為圖騰，乃出於固有的信仰，亦可能源自於顓頊部落集團的影響。

（三）龍

黃帝之後的大多數帝王，都被稱為龍子龍孫，或說其誕生與龍有關。《拾遺記・顓頊》中記載顓頊父昌意遇黑龍附玄玉圖而生顓頊，故其身上「手有文如龍，亦有玉圖之象。」〔註46〕《大戴禮記・五帝德》則稱顓頊「乘龍而至四海。」〔註47〕能乘龍者，應為龍神或龍之子。蛇為龍的原初型態，《山海經・大荒西經》提到：「蛇乃化為魚，是謂魚婦，顓頊死即復蘇。」〔註48〕《大荒北經》載顓頊死後所葬的附禺之山，有黃蛇等出衛。〔註49〕可知顓頊部落中的若干氏族是以蛇為圖騰的。綜上史載，不難窺悉龍係從原型的蛇幻化而來，並與顓頊之後的圖騰信仰有關。

祝融部落同龍的關係也很密切，《山海經・海外南經》云：「南方祝融，獸身人面，乘兩龍。」〔註50〕如上所言古代神話中，神人的坐騎，往往就是其主人的動物化身。顓頊與祝融之所以乘龍，即其本身幻化的結果。〔註51〕在楚墓出土的玉器中，即可見此種神話的反映，如戰國中期河南省洛陽市小屯村出土的兩件玉人騎獸珮。一件玉人頭上梳有兩個髮髻，（圖版3-1-7）〔註52〕另一件玉人則梳單偏髻，（圖版 3-1-8）雙手都向前伸握著身下的獸耳。這些楚地出土的玉器，皆表現出神人騎乘龍、獸的神話形象，不難想見

〔註44〕《史記》，殷本紀，頁91。
〔註45〕帝俊為殷人的太陽神，而當太陽崇拜與動物圖騰相結合後，即轉化為鳳鳥圖騰神。在《山海經・大荒經》中言及，帝俊「司日月出入」又「使四鳥」。因此對於殷人來說，太陽的人格化為帝俊，其圖騰化便為鳳鳥。
〔註46〕〔晉〕王嘉撰，石磊注譯，《拾遺記》，顓頊，（臺北：三民書局出版，2012年1月），頁19。
〔註47〕〔漢〕戴德，方向東集解，《大戴禮記彙校集解》，五帝德，（北京：中華書局，2008年7月），頁703。
〔註48〕袁珂校釋，《山海經校釋》，大荒西經，頁273。
〔註49〕袁珂校釋，《山海經校釋》，大荒北經，頁284。
〔註50〕袁珂校釋，《山海經校釋》，海外南經，頁185。
〔註51〕馬世之，《中原楚文化研究》，頁40～41。
〔註52〕在楊建芳，〈楚式玉龍珮〉（上）中，對於圖版3-1-7此件玉器中的獸，依據其形無腳，且身上有一列鱗形紋，尾為絢索形，故此獸應為龍，而此件玉器係為「戰國裸人騎龍」。刊《中國古玉研究論學》（下）（臺北：眾志出版社，2001年），頁21，圖32。

龍和楚族的密切關係。

圖版 3-1-7　　　　　　　　　圖版 3-1-8

戰國中期騎獸人形玉珮河南省洛陽市小屯村

資料來源：楊柏達主編，《中國玉器全集》（上），頁 281、282，圖 204、
　　　　　205。

　　基於上述歷史因素的傳承，故楚人尚龍之風，文獻中多有記載。《莊子·
天運篇》云孔子見老聃歸三日不談。弟子問曰：「夫子見老聃，亦將何規哉？」
孔子回答道：「吾乃今於是乎見龍。龍，合而成體，散而成章，乘雲氣而養
乎陰陽，與口張而不能嗋，予又何規老聃哉？」因老聃是楚人，故孔子稱他
為「龍」。〔註53〕可見孔子對楚人自詡為龍的圖騰，早已耳熟能詳。《漢書·
高帝紀》：漢高祖劉邦之母劉媼「嘗息大澤之陂，夢與神遇。是時，雷電晦
冥，父太公往視，則見交龍於上。已而有娠，遂產高祖。」〔註54〕又說劉
邦「醉臥，武負、王媼見其上常有龍。」〔註55〕由於劉邦是楚人，故自詡
為龍種，其母和他皆是龍。易言之，龍乃帝王之象，為神聖不可侵犯之表徵。

〔註53〕〔戰國〕莊周著，張京華校注，《莊子注解》，頁 281。
〔註54〕〔漢〕班固，〔唐〕顏師古注，楊家駱主編，《漢書》，新校本漢書集注並附編
　　　　二種，（臺北：鼎文書局，1979 年 2 月），高帝紀，頁 1。
〔註55〕《漢書》，高帝紀，頁 2。

劉向《新序‧雜事五》載：「葉公子高好龍，鉤以寫龍，鑿以寫龍，居室雕文以龍。於是龍聞而下之……」〔註56〕葉公子是楚公族，故而對龍特別推崇。楚物亦多以龍命名，如郢都東門曰「龍門」。一如屈原《哀郢》所唱：「過夏首而西浮兮，顧龍門而不見。」〔註57〕足見楚地楚人崇奉龍圖騰之一斑。

（四）熊

據《史記‧楚世家》所記載，自楚之先祖到始封荊州的熊繹，以至後裔歷代世襲的楚王，概以熊為姓。〔註58〕相關研究認為，姓氏和圖騰有極大的關係，或可以說圖騰最早可能作為氏族名稱，後來轉變成為姓氏。〔註59〕因此楚王以熊為姓，應與圖騰有相互關聯，再加上楚地漆畫上常見儺舞裡的方相氏蒙熊皮，及以楚國盛產的桃弧等作為儺舞道具之形象，不難想見，楚人與熊之間的密切關係。

戰國時期的立熊飛鳥座，（圖版3-1-9）是較早的青銅熊形象，熊站立於飛鳥上，舉手搔耳，構思奇特巧妙，表現出楚人對於熊的崇拜。另外，在安徽巢湖北山頭一號漢墓中出土的螭虎座鳳鳥銜環玉卮，整件器物雕有精細複雜的圖案，在其側壁透空鏤雕有一熊，以熊身作為環狀的鋬耳。（圖版3-1-10）熊頭壯碩，圓眼嘴寬，雕刻細緻寫實，形態逼真。此件玉器出土於北山頭漢墓，但據學者研究指出，此墓下葬年代為西漢早期，但從製玉工藝研判，此玉卮應為戰國遺物。〔註60〕由出土文物中可見楚人對熊的崇拜，而此種精神隨著楚人代秦一統天下，也延續至漢代文化。漢代的器物造型上，常可見以熊為形象的玉雕、漆器等，畫像石中亦多見以熊為題材，表現出特有的崇熊文化。

〔註56〕〔漢〕劉向，《新序》，雜事五，李華年譯注，（臺北：臺灣古籍出版社，1997年10月），頁248。

〔註57〕黃靈庚集校，《楚辭集校》，頁917。

〔註58〕《史記》，楚世家，頁1689～1695。

〔註59〕萬志毅，〈先秦圖騰信仰與楚君熊氏之關聯〉，刊社學科學戰線雜誌編輯部，《社會科學戰線》，1995年6期，頁130～135。

〔註60〕楊玉彬，〈巢湖北山頭漢墓出土玉器精粹〉（一），刊《收藏界》（陝西：寧夏雅觀收藏文化研究所），2013年4期，頁33～35。

圖版 3-1-9　戰國青銅立熊飛鳥

資料來源：黃宏，〈漢人崇熊〉，刊《雕塑 Sculpture》（北京：
　　　　　中國工藝美術學會），頁 26，圖 2。

圖版 3-1-10　戰國玉卮背面

資料來源：楊玉彬，〈巢湖北山頭漢墓出土玉器精粹〉（一），
　　　　　刊《收藏界》，2013 年 4 期，頁 34，圖 2。

　　楚文化中的主要圖騰，除上述太陽、鳳鳥、龍、熊之外，還有大陸學人
所認為楚民族也有部份以龜鱉為圖騰信仰者。〔註61〕亦包括了虎、羊等多種，

──────────────
〔註61〕陳代興，〈先楚民族圖騰信仰考辯〉，刊《咸寧師專學報》，1990 年 4 期，頁
　　　　72～75。

〔註 62〕無不泛見於各類的文物中，惟本文結構之需及篇幅之限，故僅列犖犖大者，其餘不勝枚舉而從略。

三、楚文化發展

追溯本源，楚人為祝融後裔。祝融的後人分為八姓：己、董、彭、禿、妘、曹、斟、芈，即八個部落。主要分布在黃河中下游地區，即今河南、魯西、蘇北一帶。〔註63〕《國語・鄭語》：「融之興者，其在芈姓乎？」〔註64〕可見楚部族的興起，便是從芈姓楚人開始，嗣因歷史因素而南遷。商末周初，以丹陽為中心，建立了部落國家，這個部落國家的名稱即「楚」、「荊」或是「荊楚」，〔註65〕酋長為鬻熊。鬻熊率領部落遠離中原故土，到了荊山一帶，和當地土著居民相融合。鬻熊南遷，帶入青銅冶煉技術致楚地，加速了楚地生產力的發展，從而為楚人的興起和楚國的形成，提供了經濟基礎。〔註66〕

從鬻熊開始，楚君歷代世襲。世襲的王權、貴族，象徵楚人氏族社會結束，從而使階級社會的產生和國家的建立。〔註67〕鬻熊死於壯年，孫熊繹在位時國力已逐步壯大。周成王時，被封於楚蠻之地，於是「楚」成了正式的國號兼族名。〔註68〕

西周時期，是楚國歷史發展的重要階段。陝西扶風周原遺址出土了一批西周初年的甲骨文，其中發現有「楚子來告」的記載，〔註69〕內容為熊繹受

〔註62〕如萬志毅，〈楚君熊氏發覆〉，刊《煙台師範學院學報》，1996 年 2 期，頁 1～8。〈先秦圖騰信仰與楚君熊氏之關聯〉，刊《社會科學戰線》，1995 年 6 期，頁 130～135。龔維真，〈楚族虎圖騰崇拜源流淺探〉，刊《民族論壇》，1987 年 1 期，頁 66～73。吳永章，〈南方氏族虎圖騰遺俗淺說〉，刊《吉首大學學報》，1990 年 2 期，頁 77～80。

〔註63〕馬世之，〈關於楚族的族源及其發祥地〉，刊《江漢論壇》，1983 年 11 期，頁 66。

〔註64〕《國語》，鄭語，頁 488。

〔註65〕馬世之，《中原楚文化研究》，頁 44～45。

〔註66〕熊傳薪，《楚國・楚人・楚文化》，頁 13。且許多精湛的鑄造技術，都表現在楚國青銅器上。如在淅川下寺楚墓中出土的青銅器：銅禁、銅壺蓋冠、銅盞附件等，普遍認為都是由失蠟法鑄造。裝飾工藝上亦表現的細微精美，還運用錯金、嵌銅等工藝技術。參閱萬全文，〈楚國的青銅鑄造技術與裝飾工藝〉，刊政協湖北省委員會，《世紀行》，2007 年 12 期，頁 21～22。

〔註67〕熊傳薪，《楚國・楚人・楚文化》，頁 12。

〔註68〕張正明，《楚文化史》，頁 12。

〔註69〕陝西周原考古隊，〈陝西歧山鳳雛村發現周初甲骨文〉，刊《文物》，1979 年 10 期。

封後，覲見周天子的紀錄。楚受封後，當以周天子爲最高統治者，故「跋涉山林，以事天子」。〔註70〕以此見之西周初年，周楚關係較爲親善。西周中後期，昭王南征，兩次伐楚，雖有勝，但最終以失敗收場。如《左傳・僖公四年》：「昭王南征而不復。」〔註71〕直至西周末年，隨著周王朝勢力的衰落，楚則在南方得到長足的發展，致國富兵強，勢力鼎盛。〔註72〕

熊繹五傳至熊渠，熊渠以膽氣和勇力見稱。他勵精圖治，使楚國逐漸繁榮昌盛。趁著周夷王時，中原動亂之機，征討蠻夷，擴大了楚國的疆土。見諸《史記・楚世家》所載：

> 當周夷王之時，王室微，諸侯或不朝，相伐。熊渠甚得江漢間民和，乃興兵伐庸、楊粵、至於鄂。熊渠曰：「我蠻夷也，不與中國之號謚。」乃立其長子康爲句亶王，中子紅爲鄂王，少子執疵爲越章王，皆在江上楚蠻之地。〔註73〕

周厲王即位後，熊渠懼周伐楚，便去掉了三子的王號，但楚已慢慢成爲一個可和周朝相抗衡的力量了。

楚經多年努力整頓，到楚莊王（公元前 740～690 年）時，「蠻夷皆率服」。楚國開始向外發展，重點指向北方，首要便是隨國。〔註74〕同時，亦向周圍小國鄧、鄖、絞、羅等用兵，愈越過漢水北上中原。隨著國勢漸強，楚要求直接參與中原地區的政治活動，並要周王室尊他爲王。楚武王：「我有敝甲，欲以觀中國之政，請王室尊吾號。」周不允，楚便自尊爲王，〔註75〕此見周楚之間，此消彼長之一斑。

繼位的楚文王（公元前 689～677 年）繼續向北方擴展。當文王即位，就將都城遷到了今江陵紀南城，以此爲基地，積極開疆僻土。先後出兵蔡、鄭

〔註70〕《左傳》，昭公 12 年。熊繹對天子應盡的職份主要有三：其一爲守燎以祭天，楚人崇拜火神，他們的酋長是正統的火師，爲祭天而守燎的火師，要通曉巫術，善於做神與人之間的媒介。其二是貢苞茅以縮酒，直到現在，鄂西仍有縮酒的遺風，可見楚俗之源遠流長。其三是貢桃弧、棘矢以禳災，熊繹實爲酋長兼大巫。參閱張正明，《楚文化史》，頁 18～21。

〔註71〕《左傳》，僖公四年，頁 322。

〔註72〕舒之梅、吳永章，〈從楚的歷史發展看楚與中原地區的關係〉，刊《江漢論壇》，1980 年 1 期，頁 67。

〔註73〕《史記》，楚世家，頁 1692。

〔註74〕詳於前文（第二章第三節）所述，隨因國勢及其地理位置等歷史因素，成爲楚國北伐的首要目標。

〔註75〕《史記》，楚世家，頁 1695。

等國，並滅了申、息、鄧三國。因「申、息北接中國」〔註76〕楚佔領了申、息，便是取得了進兵中原的重要據點，打開了稱霸中原的門戶，〔註77〕依此不難得見楚國的雄心大略。

到了楚成王（公元前671～626年）之時，楚開始和中原地區的幾個大國直接交鋒爭霸。春秋中、晚期，楚已控制中原地區的諸侯國，角逐霸主地位。至戰國中期，楚國達到鼎盛，成爲「戰國七雄」之一。回顧創立之初，一個方圓不過百里的蕞爾小邦，發展成一個國界達五千里的顯赫大國。其疆域東至大海，南抵五嶺，西起大巴山，北至汝、穎、沂、泗四水上游，足見其大。〔註78〕此後，楚國由盛轉衰。秦國漸興，楚國由於政治改革不及秦國徹底，面對強秦進攻，節節敗退，公元前224年爲秦所滅。〔註79〕

楚人追朔其先民，本源於中原華夏之文明，而後南遷，受荊楚地理環境影響，又融合長江流域本有的土著文化，及相鄰的蠻夷文化，交匯合流下，形成了獨具風格特色的楚文化，爲本文探索曾侯乙相關玉器的重要脈絡。

第二節　楚地巫風

一、巫的釋義

東漢許慎在《說文解字》中解釋：「巫，巫祝也。女能事無形，以舞降神者也，象人兩褎舞形。與工同意。古者巫咸初作巫。凡巫之屬皆从巫。𮥵，古文巫。」〔註80〕但日人白川靜氏對於許慎用「象用兩袖跳舞之形」來解釋巫，提出不同意見。認爲「巫之字形，蓋可視作象用兩手持其咒具之形」〔註81〕，並非來自舞形。而學者羅振玉則認爲巫者兩手所奉即爲「玉器」。他解釋「巫」字於卜辭中有作「⿴□玉」〔註82〕，「此从□，象巫在神幄中而兩

〔註76〕《左傳》，文公十六年，頁648。
〔註77〕舒之梅、吳永章，〈從楚的歷史發展看楚與中原地區的關係〉，刊《江漢論壇》，1980年1期，頁67～68。
〔註78〕熊傳薪，《楚國・楚人・楚文化》，頁13。
〔註79〕舒之梅、吳永章，〈從楚的歷史發展看楚與中原地區的關係〉，刊《江漢論壇》，1980年1期，頁69。
〔註80〕〔漢〕許慎，〔清〕段玉裁注，《說文解字注》，頁201。
〔註81〕白川靜氏原著，加地伸行、范月嬌譯，《中國古代文化》（臺北：文津出版社，民國72年5月），第五章，頁137。
〔註82〕羅振玉，《殷墟書契後編二卷》（臺北：藝文出版社，民國47年，據民國十六

手奉玉以事神，許君謂从，象兩褎舞形，與舞形，初不類矣。」〔註83〕巫不單單只存在於古代，亦活動於現今，我們現今社會上仍有巫的存在。再者，巫除了求福、去災之外，還從事預測、謀劃等等。〔註84〕因此，所謂的「巫」並非是裝神弄鬼，而是從古至今存在社會上的一種文化。范文瀾先生把中國古代文化進行了分類，將中原的禮制文化稱爲「史官文化」，而荊楚的巫儺文化則稱爲「巫官文化」，他言即：「黃炎族掌文化的人叫做史，苗黎族掌文化的人叫做巫。黃炎族與一部分苗黎族混合成華族，巫史兩種文化並存，互相影響也互相鬥爭。史重人事，長於徵實；巫事鬼神，富於想像。」〔註85〕而巫，是古代宗教事務及文化活動的主持人物，他的產生，有其一定的社會背景與歷史條件，最早見於殷商卜辭。

古人以玉祭天，《周禮・大宗伯》即載有祭祀天地時，所用的不同種類之玉：「以蒼璧禮天，以黃琮禮地，以青珪禮東方，以赤璋禮南方，以白虎禮西方，以玄黃禮北方。」〔註86〕在古代社會中，玉是人類通向靈界的器具，可以溝通人和神之間的媒介。在《山海經・西山經》中亦載有：「天地鬼神，是食是饗；君子服之，以禦不祥。」〔註87〕即認爲玉可以饗鬼神，禦不祥。在卜辭與金文中，「巫」字亦多作「十」。唐蘭先生述及：「『十』字在甲骨文和青銅器中常見，向來沒有人認得（有人釋作『癸』，誤也）。假如我們去讀詛楚文，就可以知道是『巫咸』的『巫』字。」〔註88〕且多數學者認爲，「十」字和「玉」字相關。〔註89〕再從與巫同義的「靈」字上看，《說文解字》中對他的解釋爲：「靈，巫也。以玉事神，以王霝聲。」〔註90〕綜上所述，由「巫」

年東方學會石印本影印），下，頁4。

〔註83〕 羅振玉，《殷墟書契考釋三卷》（臺北：藝文出版社，民國47年，據民國十六年東方學會石印本影印），頁15。

〔註84〕 王玉德，《長江流域的巫文化》，（武漢：湖北教育出版社，2005年11月），頁1。

〔註85〕 范文瀾，《中國通史簡編》增訂本第一編（北京：人民出版社，1965年12月），頁279。

〔註86〕 〔清〕阮元校刊，《十三經注疏附校刊記》，上冊，《周禮》，春官大宗伯，頁66。

〔註87〕 袁珂校釋，《山海經校釋》，西山經，頁29。

〔註88〕 唐蘭，《古文字學導論》，（濟南：齊魯書社，1981年1月），下編，頁18。

〔註89〕 有學者釋「十」字爲兩玉相交疊形，爲巫奉玉事神之意。參閱馬薇廎，《薇廎甲骨文原》（雲林：馬輔刊行，民國60年），頁1297。或再進一步說明，認爲此字爲「玉」字整齊化而成，並舉《詛楚文》中的巫字爲例說明。參閱周策縱，《古巫醫與「六詩」考》（臺北：聯經出版社，民國75年，8月），頁76～78。

〔註90〕 〔漢〕許慎，〔清〕段玉裁注，《說文解字注》，頁19。

之製字可知，「示」應為祭祀用的玉器，後來作為以玉事神者的專稱。

在古代社會中，巫者十分活躍，巫覡社會地位崇高。對於百姓無論是精神層面，抑或是日常生活所需，都扮演著重要的角色，社會功能多元，且涉及多層面。李宗侗先生曾言：「君及官吏皆出自巫」〔註91〕，在原始社會中，所謂的「神權時代」，即政教合一，政治上的帝王即社會上的大巫，如黃帝、顓頊、堯、舜、禹等。〔註92〕足見古來巫俗淫祀，為國家社會所不可或缺。

儘管如此，南、北兩地因著人文環境的不同，隨著時間累積而發展出相異的文化內涵，對於巫的重視程度也有了改變。北方中原的生產力發展水平較快，因此重人事疑鬼神，重實際黜玄想，漸漸形成他們以理性為主的思想。南方楚地生產力的發展水平相比於中原則較為落後，因此人神雜糅之俗尚存，巫風熾盛不衰。〔註93〕儘管，北方中原亦崇巫，但較之南方則顯得理性許多，所以南方楚地比起北方更有神祕浪漫的心理結構。以文學作品而言，北方的《詩經》和南方的《楚辭》相較：《詩經》較少神話，大半為傳說、宗教。天帝是半人格化、半心理化的最高神，形象較為呆板；《楚辭》中則多神話，如化龍化熊的禹、盜寶被殺的鯀，或是〈九歌〉裡飲食起居、顧盼言笑和人幾無相異的眾神等。相比之下，《詩經》對於原始性的野性和激情，保存少。〔註94〕魯迅先生曾言及：《離騷》「較之於《詩》，則其言甚長，其思甚幻，其文甚麗，其旨甚明。」〔註95〕此即南、北人文環境相異，經過時間累積，而形成的兩地的差別。

二、楚俗巫風

《漢書‧地理志》中記載楚人「信巫鬼、重淫祀。」〔註96〕東漢王逸在《楚辭章句》中描寫：「昔楚國南郢之邑，浣湘之間，其俗信鬼好祠，其祠必作歌樂鼓舞以樂諸神。」〔註97〕朱熹《楚辭集注》裡亦云：「楚俗祠祭之歌，

〔註91〕李宗侗，《中國古代社會史》（臺北：中華文化，民國43年），頁118。
〔註92〕李添瑞，《巫及其與先秦文化之關係》（臺北：花木蘭出版社，2009年3月），頁7。
〔註93〕陳金剛、李倩，〈楚辭、漢賦中巫之稱謂及巫風盛行原因〉，刊《江漢論壇》，2007年12期，頁57。
〔註94〕蕭兵，《楚文化與美學》，頁384～385。
〔註95〕魯迅，《漢文學史綱》（上海：上海古籍初版社，2005年8月），頁20。
〔註96〕《漢書‧地理志》，卷二十八下，頁1666。
〔註97〕王逸章句，洪興祖補注，《楚辭章句》（臺北：五州出版社，民國59年10月），

今不可得而聞矣，然計其間，或以陰巫下陽神，或以陽主接陰鬼。」〔註98〕，歷史上關於楚地巫風的記載，斑斑可考。《楚辭》、《漢賦》中所見關於「神、鬼、靈、巫、覡、祝」等字更是頻繁出現。〔註99〕顯見楚地巫風熾盛，信鬼好祠即爲楚俗一大特色。

在漢唐的史籍中，不乏楚俗巫風的記載，舉舉大者如《國語‧楚語》中載有楚大夫觀射夫對楚昭王解釋巫師中言：「民之精爽不攜貳者，而又能其肅衷正，其智能上下比義，其聖能光遠宣朗，其明能光照之，其聰能聽徹之，如是則明神降之，在男曰覡，在女曰巫。」〔註100〕可知巫在古楚社會中，是具有上知天文、下知地理，有足夠智慧，可以溝通「天」、「人」的旨意，是通曉各種知識的智者。《國語‧楚語》又記楚王孫圍答趙簡子問曰：「楚之所寶者，曰觀射父，能作訓辭，以行事于諸侯。」〔註101〕、「又有左史倚相，能道訓典，以敍百物，以朝夕獻善敗于寡君，使寡君不忘先王之業。又能上下說鬼神，順道其恣惡，使神無有怨痛于楚國……若君子之好弊具，而導之以訓詞，人不虞之備，而皇神相之，寡君其可以免罪于諸侯，而國民保焉，此楚國之寶也。」〔註102〕從此得知，昭王遇事若有不明之處，即求教於觀射夫、倚相，便是因觀射夫、倚相身爲「大巫」，通曉天文地理。且觀射父爲楚國的大巫，被楚人視爲國寶，亦顯示「巫」當時在楚國崇高的地位。《左傳‧文公十年》載：「初，楚范巫矞似謂成王與子玉、子西曰：『三君皆將強死』。」〔註103〕從范地之巫矞似相關記載中亦可看出，巫在楚國政治生活中佔有的特殊地位。

然巫風並不單存於楚國，如前所述，自古以來，各區域的民族習俗，都不免存有巫風。楚人則是相較於其他民族，巫風更甚。此從「巫」在他國地位明顯不同即可觀之。《晏子春秋‧內篇諫上》中記載：

頁 33。

〔註98〕〔宋〕朱熹，《楚辭集注》，楚辭辯證，（臺北：國立中央圖書館善本叢刊，民國 80 年 2 月），頁 237。

〔註99〕陳金剛、李倩在〈楚辭、漢賦中巫之稱謂及巫風盛行原因〉中對於「神、鬼、靈、巫、覡、祝等字，作量化統計，共出現 181 次。其中以「神」出現次數最多，爲 89 次，共佔其中 49%，故認爲「神」是楚巫首要的崇拜對象，或可爲參考。刊《江漢論壇》，2007 年 12 期，頁 55～57。

〔註100〕《國語》，楚語下，頁 559。

〔註101〕《國語》，楚語下，頁 580。

〔註102〕《國語》，楚語下，頁 580。

〔註103〕《左傳》，文公十年，頁 609。

楚巫微導裔款以見景公，侍坐三日，景公說之。楚巫曰：「公，明神主之，帝王之君也。公即位有七年矣，事未大濟者，明神未至也。請致五帝以明君德。」景公再拜稽首。……晏子曰：「今政亂而行僻，而求五帝之明德也？棄賢而用巫，而求帝王之在身也？夫民不苟德，福不苟降，君之帝王，不亦難乎！惜乎！君位之高，所論之卑也。」公曰：「裔款以楚巫命寡人曰：『試嘗見而觀焉。』寡人見而說之，信其道，行其言。今夫子譏之，請逐楚巫而拘裔款。」晏子曰：「楚巫不可出。」公曰：「何故？」對曰：「楚巫出，諸侯必或受之。公信之，以過于內，不知；出以易諸侯于外，不仁。請東楚巫而拘裔款。」公曰：「諾。」故曰：送楚巫于東，而拘裔款于國也。
〔註104〕

晏子規勸齊景公不可「棄賢而用巫」，且建議「東楚巫而拘裔款」，齊景公應允。由此可知，在齊國並不似楚國那般崇巫，相較之下巫師在他國的地位也大不如楚。

楚國有名的大詩人屈原，學者普遍認爲即爲楚國巫師。係因屈原之先祖屈巫，就是楚國大巫，而巫官一職往往是世代相襲的。屈原的先祖屈巫，字曰「靈」，屈原字曰「靈均」，兩者很相似，或可以解釋從屈巫到屈原，巫職的世代相傳的遺韻。〔註105〕東漢王逸云：「三閭之職，掌王族三姓，曰屈、景、昭。屈原序其譜屬，率其賢良，以厲國士。入則與王圖議政事，決定嫌疑。出則監察群下，應對諸侯，謀行職修，王甚珍之。」〔註106〕明顯表示出此官職之備受重視，如同楚王對於觀射夫、倚相等大巫敬重的態度。因此，曾任三閭大夫的屈原，極有可能爲楚國大巫官。

再者，屈原在《離騷》中自序身世道：「帝高陽之苗裔兮，朕皇考曰伯庸。攝提貞于孟陬兮，惟庚寅吾以降。皇覽揆余初度兮，肇錫余以嘉名。名余曰正則兮，字于曰靈均。」〔註107〕屈原述及他是太陽神高陽的嫡傳後裔，是天上大巫祝融的子孫。「攝提貞于孟陬兮，惟庚寅吾以降」，在王逸注《楚辭》言：「太歲在寅曰攝提格」〔註108〕《楚辭補注》中解釋：「《孝經》曰：

〔註104〕吳則虞編著，《晏子春秋集釋》，內篇諫下，（北京：中華書局，1962年1月），頁50～51。
〔註105〕林河，《中國巫儺史》（廣州：花城出版社，2001年8月），頁363。
〔註106〕黃靈庚集校，《楚辭集校》，頁2。
〔註107〕黃靈庚集校，《楚辭集校》，頁9～15。
〔註108〕王逸章句，洪興祖補注，《楚辭章句》，頁12。

『寅爲陽正，故男始生而立于寅。』」〔註109〕「孟陬」爲夏曆的正月，也稱
寅月。「庚寅」的「庚」，《孝經》注曰：『庚爲陰正，女始生而立于庚。』」
〔註110〕這些話語皆爲「巫語」，係指屈原生辰帶「三寅一庚」，即「三陽一
陰」。〔註111〕以及屈原後敘自己的法名「正則」，字「靈均」等，皆爲楚國
巫師的法號。由屈原所寫的《九歌》等詩詞，整個作品中彌漫著濃鬱的巫風
氣息。《九歌》共十一篇，前十篇分別祭祀十位神衹，最末篇《禮魂》，是前
十篇通用的送神之曲，描寫祭祀時巫師以歌舞娛神的原始宗教場景。《九歌》
被稱爲「巫祝之詩」，屈原自是十分熟悉巫祝之事。種種顯示，屈原應爲楚
國大巫，甚至可說以此大巫身分爲豪。

　　除此之外，漢代桓子《新論‧言體篇》記載楚靈王「簡賢務鬼，信巫祝
之道，齋戒潔鮮，以祀上帝，禮群神，躬執羽紱，起舞壇前。吾人來攻其，
國人告急，而靈王鼓舞自若。」〔註112〕反映楚國統治階級中的巫術盛行。
清顧炎武《天下郡國利病書》更具體描述：「湘楚之俗尚鬼，自古爲然。……
歲晚用巫者鳴鑼擊鼓，男作女妝，始則兩人執手而舞，終則數人牽手而
舞。……亦隨口唱歌，黎明時起，竟日通宵而散。」〔註113〕透露出楚地民
間亦充斥著甚囂塵上的巫風。楚人由上至下，皆喜歡祭祀鬼神。唐代元稹在
其《賽神》詩中述：「楚俗不事事，巫風事妖神；事妖結妖社，不問殊與親。」
〔註114〕各地方志中，對於楚俗向鬼，或各種祭祀歌舞等等，亦多有記載，
〔註115〕不勝枚舉。

　　楚地的巫風，表現在楚人生活及各個層面上，也非單純的巫術，而是揉
合了多種元素產生的獨特巫文化。張正明先生在《楚史》中論及：

〔註109〕〔宋〕洪興祖撰，白化文等點校，《楚辭補注》（北京：中華書局，1983年3月），頁3。
〔註110〕同上註。
〔註111〕林河，《中國巫儺史》，頁365～366。
〔註112〕〔宋〕李昉等撰，《太平御覽》（北京：中華書局，2006年6月重印），卷五二六祭禮下，第三冊，頁2389。
〔註113〕〔清〕顧炎武撰，王雲五主編，《天下郡國利病書》（臺灣商務印書館發行，上海涵芳樓景印崑山圖書館藏稿本），湖廣下五十八，頁10588。
〔註114〕元稹撰，冀勤點校，《元稹集》，古詩卷三，（北京：中華書局，1982年8月），頁29。
〔註115〕明顧景星寫的《蘄州志》，描寫儺賽式的社祭，具體熱鬧。敘述民間祭祀「祭各不同，有家祭，有祠廟之際……」等等，各種活動，亦包含《九歌》中的樂神娛人活動。參閱蕭冰，《楚文化與美學》（臺北：文津出版社，2000年），頁382～383。

> 楚國本來盛行巫學而兼用雜學，巫學是楚人的傳統學術，雜學是指
> 楚人所能搜集和研習的外來學術——即《書》、《志》、《記》等以及
> 南方的周人如隨人季梁的學說。巫學不是今人所講的裝神弄鬼，它
> 是一種原生形態的學術，其中有原始的科學即天文、曆算、地理和
> 醫藥等等，有原始的哲學即道學的萌芽，有原始的藝術即詩歌、樂
> 舞和美術，有神話、傳說和信史，當然也有巫術、巫技和巫法。除
> 了楚國，還有陳國和宋國也盛行巫學。就宇宙觀來說，道學其實導
> 源於巫學。巫學朝著理性化、形上化的方向發展，到了脫胎換骨的
> 程度，便是道學。〔註116〕

因此，楚國的巫文化已非那些祭無定時、祀無常神、禮無常制、儀無專司、術無定準、供無輕重的原始形式，而是發展成有儺神系統、有祭祀禮儀、有問卜規範、有專職巫師、有經典教義等完善的巫官文化。〔註117〕更朝著理性方向發展，內容豐富多元，如上述所論包含了多方面的知識、藝術。除了史料常言及外，楚人的生活反映在楚墓中的各類隨葬品上，更將楚地巫風色彩表現得淋漓盡致，造就了今日楚文化所展現的輝煌成果。

三、楚巫生活美術的觀察

文化的產生和形成，一大影響要素便是生長環境。「任何文化都根植於一定的生存環境、一定的社會條件、一定的歷史時段。沒有相適應的溫床，就沒有相適應的文化。」〔註118〕因此，從地理學角度來看，位於長江流域的楚地也許天然便是巫文化大盛之地。法國文藝史家丹納亦認爲，一種藝術風格的形成，「風俗習慣與時代精神和自然界的氣候起著同樣的作用。」〔註119〕因此，特殊的人文，即在不同的地理環境中生長孕育而成。

許多自然現象，在長江流域都被巫鬼化。《禮記‧祭法》：「山林、川谷、丘陵，能出雲，爲風雨，見怪物，皆曰神。」〔註120〕長江流域水系密布，支流眾多，南北伸展。中下游地區更是湖泊廣佈，如洞庭湖、鄱陽湖、巢湖、

〔註116〕張正明，《楚史》（武漢：湖北教育出版社，1995年），頁275。
〔註117〕林河，《中國巫儺史》，頁362～363。
〔註118〕王玉德，《長江流域的巫文化》，頁17。
〔註119〕（法）丹納，曹園英編譯，《藝術哲學》（北京：人民文學出版社，1963年），頁83。
〔註120〕〔清〕阮元校刊，《十三經注疏附校刊記》，下冊，《禮記》，禮記祭法，頁1588。

太湖，全國湖泊面積佔五分之一。這種自然環境相較於黃河流域，更具有「水」的靈氣，正適合巫文化發展的氣氛。〔註121〕《漢書‧地理志》云：「楚有江漢川澤山林之饒；江南地廣，或火耕而水耨。民食魚稻，以魚獵山伐爲業，果窳嬴蛤，食物常足。故呰窳偷生，而亡積聚，飯食還給，不憂凍餓，亦亡千金之家。信巫鬼，重淫祀。」〔註122〕清楚的記述楚地的巫文化源於生活、源於自然的生長環境。

　　而因位處富有水之靈氣的楚地，楚人對水的看重，實際上就是對柔之美的崇尙。以清奇靈秀爲美的文化風尙反映在楚器造型上。如楚式鼎，（圖版3-2-1）大多束腰、寰腹、平底、高足、外撇耳，皆是表現他清奇靈秀的風格特徵。或是楚式几的造型，（圖版3-2-2）呈現 H 型和富於曲線變化的束腰 S 行足凭几等，相較於中原地區的器物，表現出較爲浪漫且充滿靈氣的特質。另外，在安徽省長豐縣楊公墓出土的玉觿，其頂端雕琢一彎曲鳳鳥，線條婉轉靈活，造型別緻。（圖版3-2-3）玉觿尾端尖銳，是古人隨身攜帶，用以解結之物，透過楚人對美感的認知，而呈現出如此浪漫柔美的造型設計。

圖版 3-2-1　典型楚式鼎造型　　　　圖版 3-2-2　楚式几造型

資料來源：王祖龍，《楚美術觀念與形態》，頁 30，圖 10、圖 11。

〔註121〕王玉德，《長江流域巫文化》，頁 19～20。
〔註122〕《漢書》，地理志，卷二十八下，頁 1666。

圖版 3-2-3 鳥形玉觽（戰國晚期安徽長豐縣楊公墓）

資料來源：古方，《中國古玉器圖典》，頁 203。

　　文字上亦表現的氣韻生動，從空間形式上來看，楚簡的文字排列，顯見自由奔放、綺麗靈秀的特點。如郭店楚簡《五行》，（圖版 3-2-4）其整幅字的章法佈局顯得靈活生動、跌宕多姿，又不失和諧圓融，給人多變又活潑流麗的美感。〔註123〕皆可看出在自然環境造就下的楚地，附靈氣的藝術作風。

　　楚地除了位於長江流域多水富有靈氣之外，亦多大山。山大林密，幻景奇特，生物種類繁雜，常會有些怪誕現象出現。如屈原在《楚辭·山鬼》的賦詞中對「野人」作了生動的描述，「若有人兮山之阿」、「既含睇兮又宜笑」〔註124〕。「若有人」是謂山鬼也。根據許多古文獻的記載，楚地的「山鬼、野人」並非虛無縹緲的魂魄，而是人形動物。〔註125〕而對於這些無法解釋的光怪陸離，便求助於巫。且山區的民性多疑多慮，畏懼自然，思想侷促，容易輕信鬼神，巫文化因此更有發展的基礎。

　　深山大川對文化來說即是一種阻隔，所以在北方禮樂制度與儒家勢力極力發展之時，南方楚地並未受其影響，遠在長江流域，尤其是皖、湘之間，

〔註123〕曹東海，〈楚簡文字的書法藝術特點及其成因〉，刊《深圳信息職業技術學院學報》，2011 年 12 月，第 9 卷 4 期，頁 71～72。

〔註124〕黃靈庚集校，《楚辭集校》，頁 495～497。

〔註125〕李建，〈楚俗尚鬼淺釋〉，刊湖北省楚史研究會，《楚史研究專輯》（湖北：武漢師範學院學報編輯部，1983 年），頁 147～152。

及較偏僻的山區，則仍保持著傳承下來的神怪色彩。〔註126〕

圖版 3-2-4　郭店楚簡《五行》

資料來源：曹海東，〈楚簡文字的書法藝術特點及其成因〉，刊
《深圳信息職業技術學院學報》，頁 72，圖 6。

　　自然人文環境，本是影響文化發展的重要因素，楚人在開疆拓土的創業
過程中，剛健自為，自強不息，又順隨自然，與天合一，將他們的生活透過
文物展現。在楚文物中，不難發現內有大量對人間現實生活場景描繪的主題
性彩繪，如生活中的遊藝、宴飲、樂舞、狩獵等內容，泛見於許多藝術作品
中。（圖版 3-2-5）在河南洛陽金村戰國墓中出土的組玉佩中，即可見一婀娜多
姿的玉舞人珮，（圖版 3-2-6）長袖飄逸、婆娑起舞的姿態，優美華麗，直至漢
代都還延續著以玉舞人為組佩構件的風俗習慣。〔註127〕透過種種出土文物反
映出楚人寓於生活的表現，也是他們自強不息的時代精神。

〔註126〕凡艷飛，〈試析《楚辭》巫文化形成的地域文化背景〉，刊《劍南文學》（四川：
　　　　四川錦陽市文聯），2011 年第 7 期，頁 345。

〔註127〕賈峨，〈關於春秋戰國時代玉器三個問題的討論〉，刊鄧聰主編，《東亞玉器》
　　　　（香港：中國考古藝術研究中心，1998 年），頁 77～80。

圖版 3-2-5　楚國漆畫洋溢著濃鬱的生活氣息

資料來源：王祖龍，《楚美術觀念與形態》，頁 129，圖 42。

圖版 3-2-6　玉舞人珮河南洛陽金村東周墓

資料來源：鄧聰主編，《東亞玉器》，頁 43，圖 43.5.1。

　　在楚人楚俗裡，常見諸慣用神話、宗教及超凡的想像，解釋自然中的種種變異，來彌補從原始社會走來所不足的知識經驗。楚地生活中的巫風與科學、藝術是相互結合關聯的。在所見諸多的楚國繪畫中，各式各樣的神怪圖式，即散發出濃厚的原始氣息。（圖版 3-2-7）蜿蜒修長的龍與蛇、麟身碩體的神獸等，這些題材與遠古圖騰以及神話傳說所構築的意象世界極為相似，表現出的內涵，如同上古時期便廣為流傳的《山海經》，深藏著濃厚的原始氣息，令人讚嘆不已。〔註128〕另外，如在春秋早期河南省黃君孟夫婦墓中所出土的一組人首紋玉珮，（圖板 3-2-8）兩件正反面紋飾略有差異，一件以陰線雕刻，另一件則以陽線雕刻，一陰一陽正如一男一女的表現。兩件皆為側身人影，以人首蛇身的奇特造型為題材，顯現出充滿神話的原始氣息，也體現了對於龍、蛇等圖騰的崇拜精神。〔註129〕

圖版 3-2-7　楚國繪畫中的神怪圖式

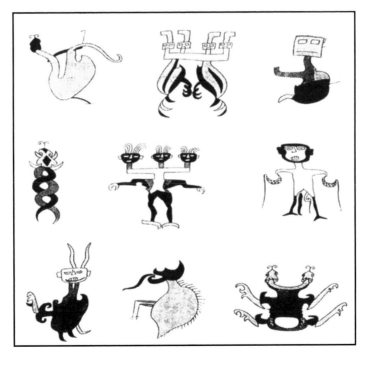

資料來源：王祖龍，《楚美術觀念與形態》，頁 172，圖 58。

〔註128〕王祖龍，《楚美術觀念與形態》，頁 171～172。
〔註129〕范立舟，〈伏羲、女媧神話與中國古老蛇崇拜〉，刊《煙臺大學學報》（山東：煙臺大學），哲學社會科學版，2002 年 4 期，頁 455～458。

圖版 3-2-8　河南省光山縣寶相寺黃君孟夫婦人首紋玉珮（春秋）

資料來源：古方，《中國古玉器圖典》，頁 206。

　　此外，楚人常使用動物中的一目、一喙、一羽或一爪等等來象徵該物。他們將此動物運用分解、變形或複合重組的造型手法，創造一個新的物象，抽取動物的某一特徵，賦予在新物像身上，這是原始思維「遺痕律」的典型體現。〔註130〕（圖版 3-2-9、圖版 3-2-10）這種審美的角度與觀念，對本文第四章賞析斯時玉器美術與特色，將有莫大的啟迪。

〔註130〕王祖龍，《楚美術觀念與形態》，頁 173。在王政，〈楚巫文化中的審美意識〉中說明：出土文物上的一些圖案如龍、鳳、金鳥、玉兔、玄武等的物象，在形成過程中，一般都是從藝術原型中，經過汰選、擷取、插入、拓展等過程。一個藝術原型演變到最後圖案，往往面目大變，呈現在圖案中的可能只剩下一麟半爪。這個規律，黑格爾指出，屬於美學中的「遺痕律」。黑格爾解釋：在埃及，人們崇拜山羊，把它轉化為山林之神或是畜牧之神。但在這些神祇身上，山羊的形狀只以次要的形式出現在腳上，以及兩個尖耳朵和小角，保存著山羊的形狀，其餘各部分都是按照人形構成。在此，獸（羊）形的部份已縮減微不足道的「遺痕」。刊上海市社會科學界聯合會，《學術月刊》，1998年第 10 期，頁 50。另參閱黑格爾，《美學》，卷二，（臺北：商務印書館，1982年），頁 189。

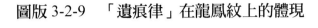

圖版 3-2-9 「遺痕律」在龍鳳紋上的體現

資料來源：王祖龍，《楚美術觀念與形態》，頁 173，圖 59。

圖版 3-2-10 戰國早期　　圖版 3-2-10.1 蟠虺紋玉璧局部

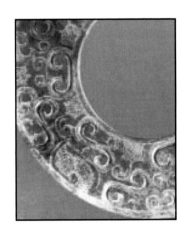

　　巫師在當時既是上知天文、下知地理的智者，在巫祭形式、生產方式、或生死觀念方面等都極具原始美術的特質。這些不單是殷商時期信鬼好巫的影響，也是楚地土著原始信仰的流傳。在楚人的思維中，仍帶著古老思維的遺痕。因此對於日常生活經驗常與巫術幻化的想像連結在一起，認為「萬物有靈」，水有水神、山有山鬼、人有靈魂，這樣的思維構成了一個超自然世界，表現在他們生活中、藝術裡。﹝註131﹞以另一角度言之，何嘗不亦顯現楚人與自然環境的相諧關係，這或是古來天命史觀中「天人合一」的詮釋之一。從而形成了楚地特有的巫風文化，表現在日常生活上，造就了楚國獨特地藝術

﹝註131﹞王祖龍，《楚美術觀念與形態》，頁 174。

面相，鮮明地反映在器物上，成就了今日浪漫絢麗的楚式藝術。

第三節　曾侯乙墓與楚文化

一、墓葬地理位置

　　曾侯乙墓位於湖北省隨縣城關西郊擂鼓墩附近。擂鼓墩即在城區西北約 2 公里處，擂鼓墩大道西側。〔註132〕此一地帶為山巒起伏的丘陵地。瀕臨㵐水，形成一個凸的圓形山包，當地居民稱其為東團坡。〔註133〕從考古調查中得知，擂鼓墩上為一東周墓群，包括有八個墓葬區。（圖版 3-3-1）這些墓葬區雖彼此獨立，但從規模和布局上而言，應皆屬於曾侯之墓，時代約為曾國滅國之前的戰國時期。〔註134〕

圖版 3-3-1　擂鼓墩墓群位置示意圖

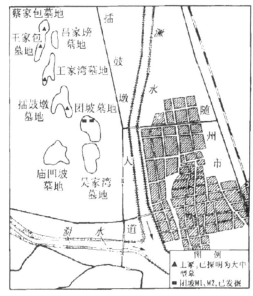

資料來源：張昌平，〈關於擂鼓墩墓群〉，刊《江漢考古》，2007
年第 1 期，頁 80，圖一。

〔註132〕陳必林，〈擂鼓墩〉，刊湖北省政協文史和學習委員會，《湖北文史》（湖北：
　　　　湖北人民出版社，1997 年 3 期），頁 352。
〔註133〕譚維四，《曾侯乙墓》，頁 26～27。
〔註134〕張昌平，〈關於擂鼓墩墓群〉，刊，《江漢考古》，2007 年 1 期，頁 80。

在此時期，延續春秋以來的族葬特點。即《周禮・地官・大司徒》中所謂的
「族墳墓」。鄭玄注：「族，猶類也；同宗者，生相近，死相迫。」〔註135〕，
「族墳墓」即族葬，係來自同族之間的緊密相連，生時共同居住，死後也葬
在同區。戰國時期的喪葬文化，延續春秋時期，且曾國乃是漢東大國，國力
雄厚，人口亦多，故形成了如同擂鼓墩上的大型墓葬區，〔註136〕此墓葬群
應為曾國的諸侯王陵區。

　　曾國先民活動的範圍大約在漢水以東及河南省西南地區，介於大洪山與
桐柏山之間，屬湖北、河南轄境接壤的長形走廊，亦是中原文化南漸的大通
道。從考古資料調查中發現，此地區出土了許多曾國的青銅器和墓葬。〔註137〕
青銅器上大都鑄有銘文，記載著曾國國名和爵位，分佈在湖北京山、棗陽、
隨州、襄陽和河南諸地。〔註138〕這些青銅器及曾國墓葬、擂鼓墩等地的發現，
印證戰國時期的墓葬文化，承襲《周禮》中所記的「族墳墓」，表現出「物以
類聚、人以群分」的規律性。

　　其中擂鼓墩、王家灣、王家包三個山巒上均獨立埋葬一座大墓。學者分
析其特點是「依托崗地，占據河岸高地，講究自然環境與地脈，以土冢之高
展示氣勢。」〔註139〕這種地形上的選擇是東周時期，特別是南方楚地常見的
方式。〔註140〕《周禮・地官・大司徒》記載關於擇地建都內提及：「大司徒之

〔註135〕〔清〕阮元校刊，《十三經注疏附校刊記》，上冊，《周禮》，地官大司徒，頁
　　　　706。
〔註136〕黃敬剛，《曾侯乙墓禮樂制度研究》，頁19。
〔註137〕這裡為曾國先民繁衍生息之地，此處森林植被茂密，土地肥沃，雨水豐沛，
　　　　適於農耕、漁業和養殖業發展。因此，自新石器時代至商周以降，便為先民
　　　　集聚之地，所以遺物甚多，且以精美的青銅文化彰顯於世。而戰國時期，墓
　　　　地距離所居住地極近，城市居民葬於城郊，甚或將墓葬坐落於城內。墓葬區
　　　　和先民居住區皆在附近，因此，此地為曾國貴族墓葬區，亦為先民活動居住
　　　　區。參考黃敬剛，《曾侯乙墓禮樂制度研究》，頁63。甌燕，〈戰國時期的墓
　　　　葬〉，刊《北方文物》（哈爾濱：北方文物雜誌社），1989年3期，頁34。
〔註138〕曾國青銅器上多鑄有銘文，即便部分青銅器銘文中未提及國名和爵位，但觀
　　　　其器物類型、花紋等風格皆與曾國青銅器極為相似，應亦屬曾國之文物。這
　　　　些青銅器的發現，時代最早的為隨州葉家山商周時期曾侯諫墓地，晚至戰國
　　　　時期擂鼓墩曾侯乙墓及王陵區。參閱黃敬剛，《曾侯乙墓禮樂制度研究》，頁
　　　　62。湖北省考古研究所，《湖北隨州葉家山西周墓地發掘簡報》，刊《文物》，
　　　　2011年第11期，及劉彬徽，〈周代曾國國君及其宗族的青銅器〉，刊孫啟元
　　　　主編，《中國文物世界》，193期，頁110～124。
〔註139〕黃敬剛，《曾侯乙墓禮樂制度研究》，頁19。
〔註140〕朱俊英、張萬高，〈東周時期楚國高級貴族墓地剖析〉，刊《楚文化研究論集》

職，掌建邦之土地之圖，與其人民之數，以佐王安擾邦國。以天下土地之圖，周知九州之地域廣輪之數，辨其山、林、川、澤、丘、陵、墳、衍、原、隰之名物，而辨其邦國都鄙之數，制其畿疆而溝封之，設其社稷之壇而樹之田主，各以其野之所宜木，遂以名其社與其野。」〔註 141〕《禮記・禮器》中言及：「有以大為貴者，宮室之量，器皿之度，棺槨之厚，丘封之大，此以大為貴也。」〔註 142〕《呂氏春秋・安死》亦說到丘壟的「高大若山」即為了「示富」。〔註 143〕因此這種地形上的安排，為的就是各國君王或貴族表現自身勢力、財富的一種方式。

　　曾侯乙墓在擂鼓墩上又占有一顯眼的位置，可知其為曾國國君之墓，彰顯出地位的不同。另外，曾侯乙墓除占有一個好的地理位置外，此墓的岩坑豎穴木槨墓佔地極大，墓口東西長 21 米，南北寬 16.5 米，總面積 220 平方米。〔註 144〕如此大小，比著名的馬王堆漢墓大有六倍，且木槨的用材，經科學鑑定全部為梓木。綜上所述，曾侯乙墓從墓地的選擇、高大的封土，至設計建造以及其整體規模大小而言之，都體現了曾侯的地位尊貴、財力豐厚，及當時代的厚葬之風。

二、棺槨的紋飾圖案

　　曾墓長時間立邦於楚地，經年累月下，深受楚文化洗禮。楚地巫風昌熾，如東漢王逸在《楚辭章句》中所述：「楚有先王之廟及公卿祠堂，圖畫天地山川神靈，琦瑋僪佹，及古聖賢怪物行事。」〔註 145〕故而曾墓中從漆棺圖畫至出土文物，無不充分反映出楚地琦瑋僪佹的藝術世界。

　　墓主棺分內外兩層。外層為近方形盒狀，上部略大於底部，長 3.2 米、寬 2.1 米、高 2.19 米，重大 6 噸多，由銅框架嵌厚木板構成。槽嵌板和榫眼準確的接合，展現出高超的工藝技術，〔註 146〕結構牢固，拼合嚴實。（圖版 3-3-2）

　　　　第四集，（河南：河南人民出版社，1994 年）

〔註 141〕〔清〕阮元校刊，《十三經注疏附校刊記》，上冊，《周禮》，地官大司徒，頁 702。
〔註 142〕〔清〕阮元校刊，《十三經注疏附校刊記》，下冊，《禮記》，禮器，頁 1433。
〔註 143〕《呂氏春秋・安死》記載：「世之為丘壟也，其高大若山，其樹之若林，其設闕庭、為宮室、造賓阼也若都邑，以此觀世示富則可矣」，見〔戰國〕呂不韋著，陳奇猷校注，《呂氏春秋》（上海：上海古籍出版社，2002 年 4 月），頁 542。
〔註 144〕湖北省博物館編，《曾侯乙墓》，頁 23。
〔註 145〕王逸，《楚辭章句》，〈天問章句第三〉，頁 50。
〔註 146〕外棺上的框架分成底座、棺身立柱和棺蓋三個部份。

外壁包括銅足、銅框架，均以黑漆爲地，繪有紅、黃兩色的紋飾。

　　主要紋飾爲絢紋、雲紋、龍形蜷曲勾連紋。（圖版 3-3-3）整體設計，以幾何裝飾紋樣爲主，無內棺繁縟，但對稱嚴謹，規則有序。〔註147〕整體而言，外棺紋飾工整細密、對稱和諧，且設計精巧，形狀特殊，其製作的工藝技術，加上彩繪的漆工，結合成一特別的藝術珍品。

圖版 3-3-2　曾侯乙墓主外棺青銅框架結構示意圖

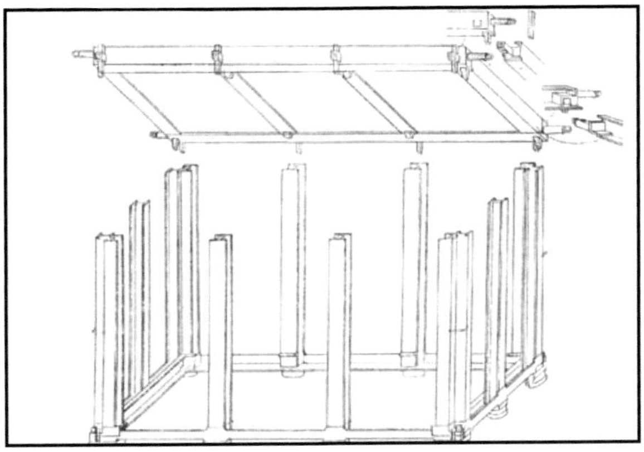

資料來源：譚維四，《曾侯乙墓》，頁 32，圖 19。

圖版 3-3-3　外棺足檔紋飾

資料來源：湖北博物館編，《曾侯乙墓》，頁 25，圖 15。

〔註147〕譚維四，《曾侯乙墓》，頁 31。

　　墓主內棺則裝飾的複雜繁縟，長 2.5 米、頭端寬 1.27 米、足端寬 1.25 米、高 1.32 米，用厚木板拼裝組合而成，棺內、棺外的髹漆皆十分講究，尤其是棺外壁。將其先抹上 0.2-0.4 釐米厚的漆灰泥，反覆打磨平滑後，遍髹一層黑漆，後加髹紅漆，再以黑、金兩色，繪製各種圖案於前後左右四面，設色和做工都很細緻。〔註 148〕棺上漆畫畫面以紅、黑兩色為基調，雜以黃、灰色調。色彩是某種特定意識和觀念的表達，且在楚人心中是有明確象徵意義的。他們崇尚某些顏色，忌諱某些顏色，確信顏色中帶有魔力，以漆器彩繪為例，大部分皆是以黑色為底、紅色為圖。以紅色為主題的傳統意識，來自對於「赤」的崇尚。楚人在先祖拜日、崇火、尊鳳的原始信仰影響下，對於紅色有特殊的喜愛與推崇。〔註 149〕另外，莊子認為：「死生始將為晝夜」〔註 150〕不停更替。生即為晝，呈現太陽之色為赤；死即為夜，呈現晦冥之色為黑。因此，在楚人的色彩觀中，紅、黑兩色的象徵意義也關係著他們的生死觀，代表著生命的循環、生死的交替。故而從色彩的運用中亦可反映出楚人的思想習俗。

　　而內棺上各板裝飾著不盡相同的漆畫圖案，分述如下：

（一）頭端棺擋板：（圖版 3-3-5）

　　頭擋板上無窗櫺，只繪有神像與神獸。神像造型與足端棺擋板的神像相似，有七個分布在畫面各處，其中四個為立像。神像有首無面，鳥爪羽腳，整個神像呈一「大」字。（圖版 3-3-6）亦是以線造型，與四周纏繞的蛇紋協調統一。畫面其他還有龍、鳥、蛇，有的組成雙鳥銜蛇，有的蟠虺紋作正面狀。類似操龍、操蛇等具有楚文化特色的器物，湖北荊州亦出土一件神人操龍形玉珮，（圖版 3-3-7）神人站立於兩龍之間，雙手抓住龍身，兩龍張口相對，用吻部拖起一璧，龍背上各立有一鳥。此件神人與龍、鳥共體的玉器，與曾侯乙棺槨上所繪的神像圖案，其造型及內所蘊含的意義，應是大體相同的。

〔註 148〕郭德維，〈曾侯乙墓墓主內棺花紋圖案略析〉，刊《江漢考古》，1989 年 2 期，頁 74。

〔註 149〕參考湖北省博物館等編著，《長沙楚墓》，頁 545，及王祖龍，《楚美術觀念與形態》，頁 117～118。

〔註 150〕〔戰國〕莊周，張京華校注，《莊子注解》，外篇田子方，頁 386。

圖版 3-3-5　足端棺擋板上神像

資料來源：湖北省博物館編，《曾侯乙墓》，頁 30，圖 18。

圖版 3-3-6　神像線圖

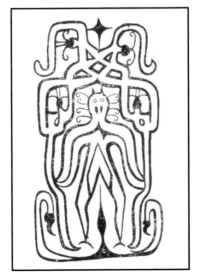

資料來源：郭德維，〈曾侯乙墓墓主內棺花紋圖案略析〉，頁
　　　　　81，圖 17。

圖版 3-3-7　神人操龍形玉珮（戰國中期湖北荊州院墻灣墓地）

資料來源：荊州博物館編著，《荊州楚玉》，頁 158，圖 114。

（二）足端棺擋板：（圖版 3-3-8）

中央繪有一矩形窗櫺紋，矩形內為一「田」字，且內外矩形對角相連形成一個焦點透視的空間，看似真有一個門窗。整個窗櫺紋上下左右皆對稱，但其間的紋飾則多有變化，蟠虺紋中繪有各式各樣的神靈異獸。神靈像共有四個，均為正面端坐式，人面無眉無髮，左右耳各有一蛇或卷雲紋，天門之上繪有二鳥。人物形象以線構形，呈現抽象化，與四周的各類動物紋相協調。各類動物紋有蛇、鳥、龍以及怪獸，多呈相向對稱出現。〔註151〕

圖版 3-3-8　內棺足擋紋飾

資料來源：湖北省博物館編，《曾侯乙墓》，頁 34，圖 20。

〔註151〕龐瑾，〈靈魂的包裝——曾侯乙墓棺內漆畫圖像的解讀〉，刊《南京藝術學院學報》，美術與設計版，2008 年 2 期，頁 85。

（三）左側板：（圖版 3-3-9）

分為四個部份，第一部分的圖像和棺擋板類似，繪有神像和動物紋。第二部分與第四部分均有神獸武士像。呈正面立像，兩手側伸，其中一手執戈。第三部分是六個神人上端繪有四個大鳥。兩組衛士之間，是四個正方形的窗櫺紋。該畫以窗櫺紋為中心展開，如同頭端棺擋板，足見窗櫺紋在此內棺繪畫上所扮演的重要角色。其餘部分亦遍佈各種神像、靈怪、禽鳥、異獸。

圖版 3-3-9　內棺左側板紋飾

資料來源：湖北省博物館編，《曾侯乙墓》，頁 36，圖 21。

（四）右側板

圖像基本雷同於左側板，亦以窗櫺紋為展開中心，衛士造型和左側亦同，差別在於右側並無四個大鳥。在整個內棺紋飾上，足端、頭端及左右兩側的棺板上，都可見到密集繪有各式神獸的複雜圖案，例如雙龍同體、龍鳳同體等，類此形象，在楚玉中也經常可見，如表 3-3-1 楚玉中相對應曾侯乙葬棺紋飾的玉器所示。

表 3-3-1　楚玉中相對應曾侯乙葬棺紋飾的玉器

曾侯乙葬棺之紋樣	相　似　之　楚　玉

資料來源：楊建芳，〈楚式玉龍珮〉（下），刊楊建芳，《中國古玉研究論文集》，頁 50～58。

三、漆棺上的神話信仰

全棺繪有各種神人、蛇、鳥、龍以及怪獸等圖像，共有一千多個，[註152]相互糾結纏繞，畫面複雜繁縟。除了門窗、神像武士等圖案較為規整外，其他圖案則較無類此設計。而這些錯綜複雜的物象，自有其象徵意義，與當時楚地的民間信仰、風俗習慣緊緊相關。列舉如下：

（一）神獸武士像

分佈在門窗兩側的神獸武士像，有三種型態：方相（圖版 3-3-10）、神獸（圖版 3-3-11）及羽人（圖版 3-3-12）。方相氏為人面、獸足，頭頸都有複雜的飾物，胸腹飾獸面，執雙戈，胯下佈有火焰紋狀，是古代「儺儀」[註153]中的主要角色，出現在打鬼的儀式中。《周禮・夏官・方相氏》中曰：「方相氏掌蒙熊皮，黃金四目，玄衣朱裳，執戈揚盾，帥百隸而時儺，以索

[註152] 整個內棺上的圖案，除去門窗以及左側下由變異的龍蛇等組成的勾連幾何紋外，經粗略統計，所繪各種動物共有 915 個，如下簡表：

部位 件數 名稱	蓋面	頭檔	足檔	左側	右側	合計
各種龍	136	103	97	62	152	550
各種蛇		61	61	20	61	204
神人		3	1			4
神獸武士				10	10	20
鳥		30	17	38	21	106
鳥首形獸		9	11	1	3	24
鹿		1	1			2
鳳			2			2
有足魚		1				1
屬狀動物			2			2
總計	136	208	192	248	131	915

參閱郭德維，〈曾侯乙墓墓主內棺花紋圖案略析〉，頁 76、83，表 1。

[註153] 儺儀即是以驅鬼除疫、酬神納吉的一巫術活動，方相氏為其中的重要角色。在漢代宮廷內每年三季，有大型的儺祭，王侯貴族大喪時亦行儺禮。可見儺儀在古代生活中不單是重要的節祭，也是喪葬禮俗之一項。參考楊美莉，〈漢代文物展中一件表現儺禮的玉雕〉，刊《故宮文物月刊》，民國 89 年 1 月，頁72。

室驅疫。大喪，先柩，及墓入壙，以戈擊四隅，驅方良。」〔註154〕由此悉知，方相氏是儺儀中的頭領，其扮相是蒙熊皮或戴上銅製的熊頭假面具，即「黃金四目」。而內棺漆畫上頭大，眼睛外側繪有炯炯有神的圓形大目，狀若配戴熊頭假面，操戈起舞，腳踩火焰紋的武士像，其整體形貌就如同儺儀中的方相氏。〔註155〕而虎面、人軀、頭生兩角，執雙戈的圖像為方相氏所率領的百隸裝扮的神獸。〔註156〕為的就是要驅疫癘之鬼以辟除不祥，維護墓主安養。

圖版 3-3-10　方相　　　　　　　　圖版 3-3-11　神獸

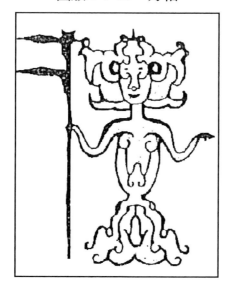 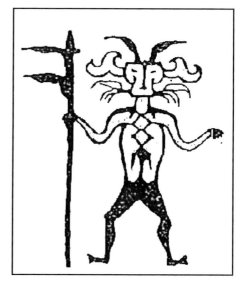

〔註154〕〔清〕阮元校刊，《十三經注疏附校刊記》，上冊，《周禮》，夏官方相氏，頁 851。

〔註155〕唐朝暉，〈千古畫迷──再探曾侯乙墓漆畫〉，刊中國藝術研究院，《藝術評論》，2008 年 11 期，頁 96。

〔註156〕「虎面」亦有學者認為其為「羊首」。參閱龐瑾，〈靈魂的包裝──曾侯乙墓內棺漆畫圖像的解讀〉，刊《南京藝術學院學報》，美術與設計版 2008 年 2 期，頁 85。

圖版 3-3-12　羽人

資料來源：《中國考古文物之美》，頁 156，內棺漆畫神怪圖像。

　　人面、鳥足、大耳、頭戴兩峰尖冠，兩翅舒展，一手握戈，腹部畫鱗紋，兩腿叉開，有扇形尾翼的圖像則為羽人。《楚辭‧遠遊》中記：「仍羽人于丹丘兮，留不死之舊鄉。」〔註 157〕其中「羽人、不死」學者謂此乃人學道登仙的兩階段。初則不死而為地仙，久乃身生羽毛，而成天仙。〔註 158〕《抱朴子‧勤求篇》云：「是以上士先營長生之事，長生定可任意。若未生玄去世，可且地仙人間。」〔註 159〕所以不死乃生玄的初始階段，地仙與天仙仍有其區別。此漆畫上之「羽人」，即為祈求墓主在方相氏的保護之下，靈魂有所托而不死，進而求升天成羽人的機會。將羽人繪於此，期望可引導墓主靈魂升仙，寓意羽化登仙。

（二）神　像

　　在神像中，有帶著鳥爪的水神禺彊，（圖版 3-3-13）《山海經‧海外北經》：

〔註 157〕《楚辭》，遠遊，頁 131～132。
〔註 158〕參閱龐瑾，〈靈魂的包裝——曾侯乙墓內棺漆畫圖像的解讀〉，刊《南京藝術學院學報》，美術與設計版，2008 年 2 期，頁 86。
〔註 159〕〔晉〕葛洪，王明著，《抱朴子內篇校釋》，勤求篇，（北京：中華書局出版，1985 年 3 月二版），頁 254。

「北方禺彊，人面鳥身，珥兩青蛇，踐兩青蛇。字玄冥，水神也。」〔註160〕既為水神，即可鎮水辟邪，祈求獲得水神護棺。另一為人面蛇軀，頭生兩枚長角的土伯，（圖版3-3-14）能平水土。因此，繪禺彊及土伯，即是希望能夠防水，不使棺槨為水浸泡，保持完好，使墓主靈魂不會居無定所，四處飄散。類此種種，都是冀望靈魂不死的升仙思想。〔註161〕

<table>
<tr><td align="center">圖版 3-3-13　水神禺彊</td><td align="center">圖版 3-3-14　土伯</td></tr>
</table>

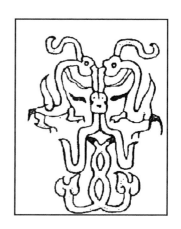

資料來源：《中國考古文物之美》，頁156，內棺漆畫神怪圖像。

（三）神獸像

即龍、鳳、鳥、魚等皆為靈魂升天的駕馭之物，如神人乘龍形玉珮，（圖版3-1-6）、騎獸人形玉珮，（圖版3-1-7、圖版3-1-8）之寓意。其他如朱雀、白虎、禿鷲等都具有辟邪防禦的功能。《楚辭·招魂》中描寫死後世界：「歸來歸來！不可以託些。魂兮歸來！南方不可以止些。雕題黑齒，得人肉以祀，以其骨為醢些。蝮蛇蓁蓁，封狐千里些。雄虺九首，往來儵忽，吞人以益其心些。歸來歸來！不可以久淫些。魂兮歸來！西方之害，流沙千里些。」〔註162〕可見其地下世界危險黑暗一面，因此需要神獸來辟邪守衛墓主。

在此內棺圖案上所繪神獸像，以「龍」最多。〔註163〕大部分的彩繪圖

〔註160〕《山海經》，海外北經，頁202。

〔註161〕龐瑾，〈靈魂的包裝——曾侯乙墓內棺漆畫圖像的解讀〉，刊《南京藝術學院學報》，美術與設計版，2008年2期，頁87。

〔註162〕黃靈庚集校，《楚辭集校》，頁1075～1079。

〔註163〕龍的圖案最多，蛇和龍本就較難區分，兩者相加，佔了總數的82.4%，可說

像，和當時楚地的民間信仰及習俗相關，類似《山海經》中的神話傳說，應是有其本源。如左側武士上方所繪之四鳥，《山海經・海內西經》記載：「開明西有鳳皇、鸞鳥，皆戴蛇、踐蛇，膺有赤蛇。開明北……鳳皇、鸞鳥皆戴盾。」〔註164〕在《山海經・西山經》中亦云：「有鳥焉，其狀如翟而五采文，名曰鸞鳥，見則天下安寧。」郭璞注：「就說鸞似雞，瑞鳥也，周成王時西戎獻之。」〔註165〕因此，棺上所繪之四鳥，可能即為鸞鳥或鳳皇，其意在祈求吉祥安寧。〔註166〕或如彩繪上的多首龍，在神話中更是屢見不鮮。《山海經・海外南經》：「三首國在其東，其為人一身三首。」〔註167〕及《山海經・大荒北經》：「有山名曰北極天柜，有神。九首人面、鳥神，名曰九鳳。」〔註168〕類此相關記載，《山海經》中多處可見，因而棺上繪的多首龍應是有所本源的。又如主棺足端兩側繪有兩足五彩鳥，《山海經・南山經》記有類似其者：「丹穴之山……有鳥焉，其狀如雞，五采而文，名曰鳳皇，首文曰德，翼文曰義，背文曰禮，膺文曰仁，腹文曰信。是鳥也，飲食自然，自歌自舞，見則天下安寧。」〔註169〕故足端所繪羽毛華麗的鳥，應是象徵吉祥的五彩鳳皇。縱上所述，棺上所繪種種神獸，應是專指某種神，而將眾神繪於墓棺上，將墓主置於其中，或可說把墓主神化，而此便成了諸神聚會之處。〔註170〕

（四）門窗：（圖版3-3-15）

傳統的椁形制一般著重在椁內的密封隔絕，而這種繪有門窗的現象，即

內棺彩繪看起來如同一個龍蛇世界。參閱郭德維，〈曾侯乙墓墓主內棺花紋圖案略析〉，刊《江漢考古》，1989年2期，頁76。

〔註164〕袁珂校譯，《山海經校譯》，海內西經，頁226。

〔註165〕袁珂校譯，《山海經校譯》，西山經，頁26。

〔註166〕在《山海經・海內西經》中記：「昆侖之虛……面有九井，以玉為檻，面有九門，門有開明獸守之，百神之所在。」而在墓主內外棺皆繪有門窗。門上繪有覆斗形格，一側繪四個，形成四個「口」，兩側加起來為八個口，再加上足端還有一個覆斗形窗格，剛好是九口。此九口或許和《山海經》中所提及的「昆侖之虛」有所關聯。參閱《山海經》，海內西經，頁225。及郭德維，〈曾侯乙墓墓主內棺花紋圖案略析〉，刊《江漢考古》，1989年2期，頁94。

〔註167〕袁珂校譯，《山海經校譯》，海外南經，頁185。

〔註168〕袁珂校譯，《山海經校譯》，大荒北經，頁285。

〔註169〕袁珂校譯，《山海經校譯》，南山經，頁8。

〔註170〕郭德維，〈曾侯乙墓墓主內棺花紋圖案略析〉，刊《江漢考古》，1989年2期，頁84。

為楚人對於墓葬文化新的表現。楚墓按照生前的居室來建築構造，因此，在密閉的棺槨上，多繪有門窗。〔註171〕前文述及曾侯乙墓中的四個槨室皆有門洞相通，〔註172〕與門洞相對應的即棺上所繪的門窗。〔註173〕門窗是讓墓主靈魂可以自由進出，楚人相信倘若屍體保存完好，靈魂就會有所依而不死。因此門窗的用途應類同於門洞，使墓主出入，或是與棺上所繪的神人接觸，或是通過此門窗升天。〔註174〕除了主棺外，陪葬棺上也繪有門窗，（圖版3-3-16）

圖版 3-3-15　曾侯乙墓中的裝飾門窗

資料來源：黃曉芬，〈變革時期的楚墓〉，刊高崇文、安田喜憲
主編《長江流域青銅文化研究》，頁 240，圖 7。

〔註171〕黃鳳春、黃婧，《楚器名物研究》（武漢：湖北教育出版社，2012 年 9 月），頁 211～212。

〔註172〕詳見本文第二章第二節。

〔註173〕曾侯乙墓中門窗上所繪的裝飾圖案、造型特點，都顯得比較成熟，因此反映槨內開通思想應年代更早。到了戰國中期以後，裝飾門窗的表現變的更多樣形式，或者模仿實物製作出能夠關閉自如的小型門扉造型。這些特點，一反傳統的槨墓理念，而出現槨內的開通意識。標誌著楚人生死觀的變化，亦為之後的漢墓所出現的橫穴室墓奠下基礎。參閱黃曉芬，〈變革期的楚墓──埋葬設施的開通思想及其實踐〉，刊高崇文、安田喜憲主編，《長江流域青銅文化研究》（北京：科學出版社出版 2002 年 3 月初版），頁 239～245。

〔註174〕郭德維，〈曾侯乙墓墓主內棺花紋圖案略析〉，刊《江漢考古》，1989 年 2 期，頁 84。

圖版 3-3-16　曾侯乙墓陪葬棺紋飾線描圖

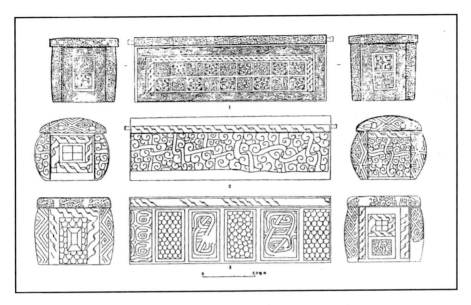

資料來源：譚維四，《曾侯乙墓》，頁 34，圖 20。

無論是墓主棺，或是陪葬棺上，都繪有門窗，不外乎是相信可以藉由所繪的窗口與神人交流或是由此升天，一如曾侯乙墓內無論是墓主身上或是陪葬棺內，皆可見玉璧。古人相信玉璧代表天，即可憑藉玉璧所具有的神性進而升天成仙，而滿佈曾侯乙全身的玉璧，及棺槨上所繪的門窗，都是希望能夠幫助墓主昇仙的表現手法。如表 3-3-2 曾侯乙墓內出土玉璧所示。

表 3-3-2　曾侯乙墓內出土玉璧

圖　　　示	件　數	出　土　位　置
	7 件	穀紋玉璧 墓主內棺 6 件 東室 1 件

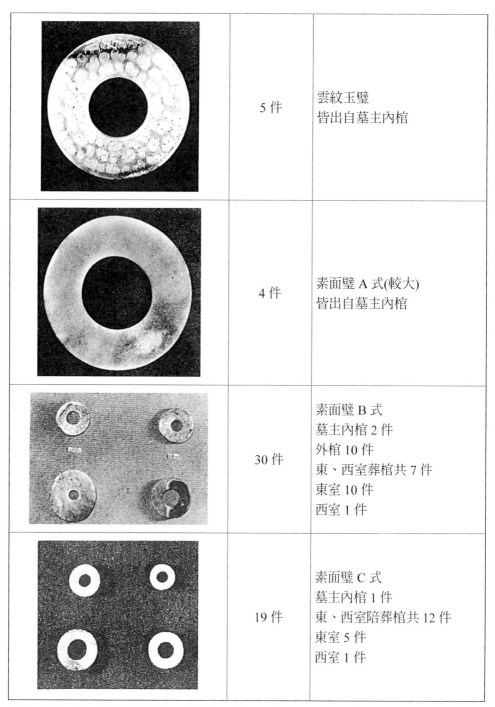

	5 件	雲紋玉璧 皆出自墓主內棺
	4 件	素面璧 A 式(較大) 皆出自墓主內棺
	30 件	素面璧 B 式 墓主內棺 2 件 外棺 10 件 東、西室葬棺共 7 件 東室 10 件 西室 1 件
	19 件	素面璧 C 式 墓主內棺 1 件 東、西室陪葬棺共 12 件 東室 5 件 西室 1 件

資料來源：湖北省博物館編，《曾侯乙墓》，頁 401～405，圖版 151、152。

　　曾侯乙墓內的漆棺彩繪紋飾豐富，除了上述的神獸武士、神像、神獸、

門窗外，還繪有許多變形或分解成流雲、蔓草、龍鳳鳥等動物的手或爪之紋飾，以及幾何圖案。類似此種圖案表現出輕盈婉轉、奔騰流動的美感，將棺上之彩繪，裝飾的更為華彩繁富。

四、升天成仙的思想

在曾墓中，除了上述滿佈神怪圖像的漆棺外，墓內的隨葬品中也表現了以驅鬼除疫為目的的藝術設計。如凝聚各種不同物象所代表神力的複合型器物。墓中出土的青銅鹿角立鶴，（圖版 3-3-17）其造型即為鹿角與鶴的複合形體。鶴昂首站立，雙翅開展，頭上插有鹿角，呈圓弧狀，似欲擁抱蒼天，下方為方形底部。鶴在古代被視作先人的騎乘，象徵長壽。《楚辭·九嘆》：「駕鸞鳳以上遊兮，從玄鶴與鷦明。孔鳥飛而送迎兮，騰群鶴於瑤光。」〔註175〕即言鶴為靈鳥，乃是可飛達天庭的仙禽。《詩經·小雅·鶴鳴》：「鶴鳴於九皋，聲聞於野。」〔註176〕指鶴能以聲通天。《淮南子·說林》：「鶴壽千歲，以極其游。」〔註177〕便是云鶴之長壽。《周易·卷七》：「鳴鶴在陰，其子和之。」〔註178〕說明鶴有同類相應，死而復生的能力。從此種種看來，鶴在先民的認知裡，除了長壽，亦能躲避災害、使生命復生的仙禽，先民便將祈禱寄託其上，因此在出土文物中常見鶴之身影。如長沙馬王堆一號漢墓出土漆棺上畫有仙鶴形象〔註179〕、長沙彈子庫楚墓出土人物御龍帛畫中，龍舟尾端立有長頸仙鶴〔註180〕等等，他們相信，人如升仙，必要依鶴牽引。

另外，將附有神性的鹿角，抽取出而複合在代表長壽的仙鶴上，以求兩者神性相結合，並發揮更大效用。此法還有同為曾侯乙墓內出土的青銅怪獸磬座。（圖版 3-3-18）在曾墓內的怪獸磬座共有兩件，形制相同、大小相近，是磬虡的底座，由獸首、鶴頸、龍身、鳥翼、鱉尾複合而成一奇特造型的器座。獸首鼓目吐舌，舌上鑄有「曾侯乙乍持用終」的銘文。磬座各部位還飾

〔註175〕黃靈庚集校，《楚辭集校》，頁 1505～1506。
〔註176〕程俊英、蔣見元著，《詩經注析》，（北京：中華書局，1991 年 10 月），頁 529。
〔註177〕劉安著，陳廣忠譯注，《淮南子》，（北京：中華書局，2012 年 1 月），頁 1018。
〔註178〕〔宋〕朱熹注，《易經讀本》，卷三繫辭上傳，（臺北：學海出版社，民國 100 年 9 月），頁 97。
〔註179〕侯良，《西漢文明之光──長沙馬王堆漢墓》（長沙：湖南人民出版社，2008 年 5 月），頁 60。
〔註180〕湖南省博物館、長沙市博物館，《長沙楚墓》，頁 428。

有蟠龍紋、圓渦紋、乳丁紋等，再以錯金線條勾勒，彰顯其華麗珍奇。〔註181〕整合成一具有超自然意義的形體，呈現出複合後更加神秘的虛幻力量。

圖版 3-3-17　鹿角立鶴（戰國早期曾侯乙墓）　　**圖版 3-3-18　怪獸磬座**（戰國早期曾侯乙墓）

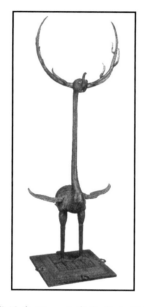 

資料來源：光復書局企業股份有限公司，《戰國地下樂宮——湖北隨縣曾侯乙墓》，頁 36、頁 16。

　　除此之外，楚人極具代表性的虎座飛鳥，（圖版 3-3-19）複合了鳥、虎、鹿的三個個別特徵，構成了一個集合壯、奇、美於一身的嶄新飛升現象。外型是一只引吭高歌、展翅欲飛的鳳鳥，立於虎背，兩眼鼓實前視，長嘴尖喙，作鳴狀。鳥背上插有一對鹿角，虎呈匍臥狀，虎頭上昂。鳳鳥及虎身髹黑漆爲地，鳥身及虎身用紅、黃二色描繪花紋。〔註182〕在楚地普遍原始思維遺痕及「信巫鬼、重淫祀」風俗的影響下，造就楚人獨特的內心視象。他們在心中設立了一個至高無上、超離人間的「天」，於是「通天」就成了他們人生的最高境界和目標，也是死後最嚮往的去處。虎座飛鳥此等複合型器物，隱含的巫術意義即爲「升天」。如同鎮墓獸，由鹿角、獸首、方形底座複合而成，

〔註181〕光復書局企業股份有限公司，《戰國地下樂宮——湖北隨縣曾侯乙墓》，頁168。
〔註182〕荊州博物館編，《荊州博物館館藏精品》，頁42。

其鹿角的形制帶有指向蒼天的升騰感。這種伸展的視覺樣式，生動的體現了楚人對蒼天的敬畏和嚮往之情。〔註 183〕

　　此種藝術造型另可見於湖北荊州熊家冢出土的龍鳳形玉珮，（圖版 3-3-20）玉器雕有一鳳鳥位於翹起的龍尾部，向上立起的龍角，以及往上延伸的鳳尾，整體呈現的感覺，如同前述器物上所插有的鹿角，亦帶有著指向蒼天的升騰感。另外值得一提的是，關於虎與鳳相結合的造型，曾侯乙墓內即出土一件虎形玉珮，（圖版 3-3-21）其造型特別，一面雕成虎形、一面雕成鳥形，亦是如同虎座飛鳥般，虎、鳥結合的一特殊珍品。

圖版 3-3-19　戰國虎座飛鳥（荊州天星觀 2 號墓）

資料來源：荊州博物館編，《荊州博物館館藏精品》，頁 42，圖 40。

〔註 183〕王祖龍，《楚美術觀念與形態》，頁 60～63。

圖版 3-3-20　龍鳳形玉珮（戰國早期湖北荊州熊家冢墓地）

資料來源：荊州博物館編著，《荊州楚玉》，頁 150，圖 109。

圖版 3-3-21　戰國早期曾侯乙墓

資料來源：古方，《中國古玉器圖典》，頁 194。

　　此種手法，在原始社會即已存在。將二或二者以上的不同自然物象綜合在一起，〔註 184〕構成新的藝術形象。新形象中蘊含著先民寄託於器物的無限神力和靈性，將本來原有的特質作多種擴張，希冀能憑藉複合體自身的力量來實現超越原有特質，進一步強化其力量。〔註 185〕而這些象徵的替代物置於墓內，以及墓主棺上滿佈神像、神獸的繁縟圖案，即爲楚人相信死後世界的存在，並期望這些驅鬼除疫的器物，得以守護死者，或帶領其昇天。

〔註 184〕將現實中若干不同屬性的自然形體，以某種特定的方式組合起來成新的圖案。圖案的局部仍是現實的，但新圖案的整體形象則已超越現實，充滿虛幻的神秘色彩。如半坡出土的彩陶盆上所繪「人面魚紋」、甘肅東鄉出土一人首形器蓋上將人首和蛇身聯爲一體。參閱王祖龍，《楚藝術觀念與形態》，頁 87～89。

〔註 185〕王祖龍，《楚藝術觀念與形態》，頁 90～92。

第四章　曾侯乙墓玉器特色分析

第一節　裝飾線紋

　　楚玉的特色，並非獨立或封閉的環境條件所形成，而是環顧長江流域相關民族文化的交流下，長期孕育而造就了玉雕獨特的風格。一如研究楚玉的專家，楊建芳先生在《長江流域玉文化》中言及：

> 楚、吳、越三國在長江中下游的先後崛起，產生具有各自特點的楚式玉雕，吳式玉雕和越式玉雕，展現出長江文化的新面貌。這三種地區性的玉雕都不同程度受到中原文化的影響，打上中原文化的明顯烙印。另外，三者之間也互有交流、影響，產生我中有你，你中有我的錯綜復雜的現象。〔註186〕

也就在中原地區以及周圍民族的文化交互影響，再融合楚人的民族性與信仰崇拜，成就了楚式玉雕的獨有特色。

　　據淅川下寺春秋三座楚墓的考古資料顯示，春秋中期後段，楚人在玉器方面，無論是質或量都有長足的發展，其隨葬品規格都相當高，出土玉器多達 174 件，和春秋中期中段相比，增加了不少新的種類，如啞鈴形玉飾、勾形玉飾、錐形玉飾、長方穿孔玉飾、橋形玉飾和矩形玉飾，這些皆不見於中原。儘管這些玉器造型奇特，但數量亦少，未能成為流行的種類。不過從此可看出，楚人積極創新、不墨守成規的民族性，楚式風格也在此時初步的形

〔註186〕楊建芳，《長江流域玉文化》，頁263。

成。〔註187〕值得注意的是，在楚式玉雕形成後，並非一成不變，而是隨著時間的推移，衍生出許多新的元素，從春秋歷經戰國到漢代，使玉雕的藝術，發展得更為豐富充實。以下特別精選數種極富有楚式玉雕特色的裝飾線紋，觀察渠等在曾侯乙墓中玉器上的人文特色：

一、絢索紋

絢索紋簡稱為絢紋，習稱扭絲紋，或為絞絲紋、絲束紋。此一紋飾的原形，在新石器時代良渚文化玉器中即可發現，如全器採絢索形製成的玉環、玉鐲。器呈寬帶環形，外壁琢作十三道斜向凸棱紋，後世出現的絢索紋，即沿襲以成。〔註188〕河南淅川下寺出土的玉笄（圖版 4-1-1）帶有兩圈絢索紋。〔註189〕裝飾手法和西周以前已大為不同，由此不難看出楚式玉雕已逐漸成形。

圖版 4-1-1　玉笄線圖（春秋中期河南淅川下寺楚墓）

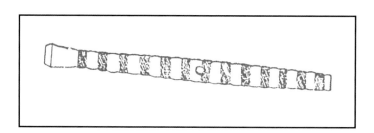

資料來源：楊建芳，〈楚式玉器特點〉，頁 145，圖 31。

細察下可發現，西周以前的玉器紋飾，分佈較為疏朗不密，春秋始則由細碎的局部連接成繁密的整體，漸趨於複雜。至春秋晚期，則出現較繁複的裝飾風格，並多以絢索紋散佈飾於器表上。一如圖版 4-1-2 為春秋晚期的玉珩，玉器上除佈有虺紋與雲紋外，其間又散置一叢叢的細絢索紋，整體紋飾相較西周前顯得更豐富，裝飾的絢索紋，也為靜態器物增添了些許活潑的動感，像這樣寓動於靜的美術表現，突破了此前的玉雕風格。〔註190〕亦從中

〔註187〕參考河南省文物考古研究所，《淅川下寺春秋楚墓》，頁 94～103、195～201、235～239。及楊建芳，《長江流域玉文化》，頁 265～274。

〔註188〕中國玉器全集編輯委員會編，《中國玉器全集》（1）原始社會，（河北：河北美術出版社，1992 年），頁 298。

〔註189〕楊建芳，《長江流域玉文化》，頁 269～271，圖 7-1。

〔註190〕吳凡，〈古玉裝飾性多線紋的演變〉，刊《故宮文物月刊》（臺北：國立故宮博物院，第 104 期），頁 74。

見證了出西周前至春秋晚期紋飾的演變，其主要的特色，即「由疏朗到繁密」的藝術演變。正如專家吳凡列舉西周至春秋中後期紋飾的幾項明顯變化，如由平面到浮雕、具體到抽象繁密風格。〔註191〕

圖版 4-1-2　玉璜（春秋晚期）

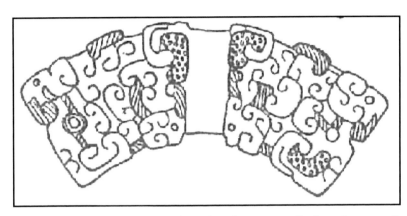

資料來源：楊建芳師生古玉研究會編著，《玉文化論叢1》，頁146，圖45。

　　東周時期雕飾絢索紋較為常見，多數裝飾於動物嘴唇上下方與頭部附近，然而楚式玉雕中的絢索紋則表現手法獨特，不同於其他。楚式玉雕中的絢索紋常作為邊緣紋飾，加飾於全器外形的邊緣或局部周邊。如楊建芳先生在研究楚式玉龍佩中認為：「迄今中原地區出土的玉龍佩，其邊緣一律平素，呈弦紋狀，顯然，以絢紋為邊飾是楚式玉龍佩獨有的裝飾手法，流行於春秋晚期至戰國早期，以後即罕見。」〔註192〕最早出現在春秋中期的淅川下寺的玉笄。（圖版 4-1-1）〔註193〕此件玉笄器表飾有春秋玉器常見的龍紋，以絢索紋飾在紋帶上下作為邊欄，即可見絢索紋在楚式玉雕中作為邊緣紋飾之例。

　　發展至春秋晚期，特徵更為鮮明，多可見楚式玉雕中出現以絢索紋飾於全器邊緣。如河南淅川下寺春秋楚墓中出土的玉虎，（圖版 4-1-3）可見全器邊緣幾乎都飾有絢索紋。

〔註191〕春秋早期的玉器紋飾尚存有西周遺風，至中晚期則有較明顯的變化。吳凡，〈商至漢玉器紋飾的演變〉，刊《故宮文物月刊》（臺北：故宮博物院，第95期），頁29～31。

〔註192〕楊建芳，〈楚式玉龍佩〉（上），刊楊建芳，《中國古玉研究論文集》（下）（臺北市：眾志美術出版社，2010年7月二版），頁11。

〔註193〕楊建芳，〈楚式玉器特點〉，刊楊建芳師生古玉研究會編著，《玉文化論叢1》（北京：文物出版社，2006年7月出版），頁107。

圖版 4-1-3　玉虎（春秋晚期）

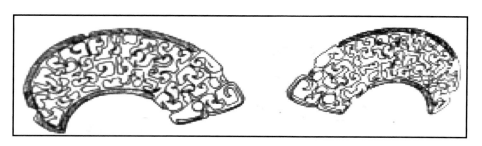

資料來源：高至喜主編，《楚文物圖典》，頁 394。

經筆者詳察曾侯乙墓中的玉器，發現不少玉件上飾有絢索紋者，具有強烈的楚式風格，如：

（一）W形玉龍珮

曾侯乙墓東室墓主內棺中出土二件成對的 W 型玉龍珮，（圖版 4-1-4）玉呈青黃色，半透明，溫潤光澤，局部帶醬黃色。器身為龍形，扁平體，略呈長方形。龍伏首，曲身卷尾形成三個彎曲，呈 W 型，龍首回頭張口，略為上揚。上唇長於下唇，頭頂有角，龍身雕出四足向兩旁伸出，腹部鑽有小孔，以便繫繩佩掛。兩面雕刻平凸穀紋，全器首尾皆以絢索紋裝飾其邊緣，細察龍身上的少數如蝌蚪長尾巴的穀紋中之尾部，也刻有絢索紋。〔註 194〕造型簡潔，紋飾精細，整體感覺活潑生動，是一充滿張力的藝術傑作。

審查其雕琢，採用剪影的手法，在扁平體的玉料上，勾勒出兩相對峙的龍體形象，應屬於「對開同型」玉珮。「對開同型」即指從一塊玉料上一剖為二，製成兩件造型相同，大小相當但因時代的工具及技術使然，仍略有差異，紋飾基本上同樣的成對玉器。戰國時期楚地所發掘出的貴族墓葬中，配戴玉組佩隨葬者不在少數，〔註 195〕這種對稱、和諧是此時期玉組佩的顯著特徵。編排整齊有序、佈局講究對稱，將玉件主旨表達的淋漓盡致，滿足了貴族生

〔註 194〕光復書局企業股份有限公司編輯，《戰國地下樂宮：湖北隨縣曾侯乙墓》，頁
　　　　　176。

〔註 195〕曾侯乙墓中除此玉龍珮應為對開同型外，另有一副成對的雲紋玉璜、素面的
　　　　　卷龍佩等。此外棗陽九連墩 1、2 號楚墓、江陵望山 2 號楚墓、荊州熊家大冢
　　　　　陪葬墓等的墓主內棺皆出土較完好的成組玉佩。河南信陽 2 號楚墓、江陵紀
　　　　　城 1 號楚墓出土的彩繪木俑即畫有當時人們佩戴組佩的生動寫照。參閱陳
　　　　　春，〈「對開同型」玉珮初探〉，刊《東方博物》，第四十輯，（浙江：浙江省博
　　　　　物館，2011 年 3 月），頁 67。

活時尚知所需。

　　觀察玉龍的造型挺胸，長尾高翹，似蠕動行進狀，富有活靈活現的蓬勃生氣，正是楚式龍形的一大旨趣。楚人崇巫尚鬼，紋飾極可能賦予神秘的神性而設，隱含著參天地、諧造化以致福佑人們幸福吉祥的深邃涵義，表現出楚巫文化的精神。以此件楚式玉龍爲例，同商周龍卷曲單一的體態相比下，楚式龍構成形態多樣，技法豐富，富有生氣，婉如即將騰躍而起般。

　　龍非楚人獨創，早在史前時代便已出現，演變過程中，又整合了多種動物的自然屬性，因而被賦予更大的神性，透過楚巫藝術的變化，除了具體而生動的表現外，更帶有通天的指向。〔註196〕在玉匠巧手雕琢下，神氣活現的龍形，似能悠遊天地之間，極具浪漫飄逸之感，不似中原地區略帶厚重的龍形。呈現出一種生動活潑，勇往直前的氣勢。龍身滿佈穀紋，又加絢索紋邊飾的玉龍珮，全器幾無空白，佈滿紋飾，較之於中原地區邊無裝飾，平素的玉龍珮而言，此種楚式玉雕則更顯富麗繁縟。波線交錯的絢索紋飾於邊上，更爲龍體添加流動感，益發顯得朝氣蓬勃。

圖版 4-1-4　玉龍珮（戰國早期曾侯乙墓）

資料來源：光復書局企業股份有限公司編輯，《戰國地下樂宮：
　　　　　湖北隨縣曾侯乙墓》，頁176，圖66。

〔註196〕王祖龍，《楚美術觀念與形態》，頁222。

圖版 4-1-4.1　玉龍珮線圖

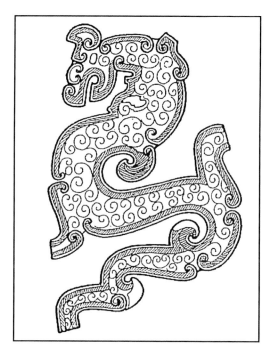

資料來源：楊建芳，《中國古玉研究論學》（下），頁 11，
圖二 A。

（二）玉鳥首珮

　　同墓出土的玉鳥首珮，（圖版 4-1-5）在其圓目周邊以及全器周邊同以絢索紋作為其邊緣紋飾。玉珮出土自東室墓主內棺，玉質為青白色，器形近長方體，其中一端平齊。鳥首至背的一側有六個小鑽孔，另一側為透雕。鳥首形的兩面各雕有一個凸圓的鳥眼，眼周飾以一圈絢索紋，外圍則琢作連續的點狀紋，器兩面雕刻雲紋。除底部外，玉鳥首珮周邊並陰刻絢索紋，成為完整的裝飾圖案。〔註 197〕

　　鳳鳥本就為楚人甚為推崇的靈物，對於此一鳥首的雕琢與設計極為精細，除了在邊飾細琢上絢索紋，在此器物上還出現了北方中原各地並未發現的長方塊斜線紋，即為簡化的絢紋，係在長方框內塡短平行斜線的特殊紋樣。〔註 198〕在此玉鳥首珮上，此種簡化絢紋，飾於其他紋飾中，略減地的

─────────────

〔註 197〕光復書局企業股份有限公司編輯，《戰國地下樂宮：湖北隨縣曾侯乙墓》，頁 177。
〔註 198〕楊建芳，《長江流域玉文化》，頁 275。

分解龍紋。（圖版 4-1-5.1）此種紋飾在楚式玉雕中不時可見，如在楚地淅川

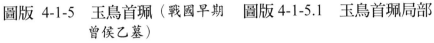

圖版 4-1-5　玉鳥首珮（戰國早期　圖版 4-1-5.1　玉鳥首珮局部
　　　　　曾侯乙墓）

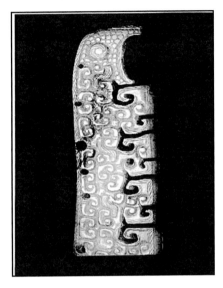

資料來源：中國玉器全集編輯委員會編，《中國玉器全集》（3）
春秋戰國，頁 125，圖 190。

下寺一至三號墓中有多件出土，且遍飾在玉璧、玉璜、玉環等等不同器形上，
特別是集中綴飾於楚式玉流行的未減地浮雕龍紋中，成為楚式玉的另一紋飾
特徵。〔註 199〕或如圖版 4-1-6 出廓玉璧，器表飾有蟠虺紋，中綴飾有簡化絢
紋，器形亦和春秋前期不同，據中國學人古方的研究所言，應可視為開戰國、
西漢時期所流行的出廓玉器之先河，〔註 200〕故筆者認為，這是劃時代的創作，
使斯時玉雕的神采，推向了另一高峰。

〔註 199〕葉蕙蘭，《漢代玉器的楚式遺風——楚式玉器的「紋」、「型」特徵分析》，頁
　　　　38～39。
〔註 200〕古方主編，《中國古玉器圖典》，頁 177。

圖版 4-1-6　出廓玉璧（河南淅川下寺 2 號墓）

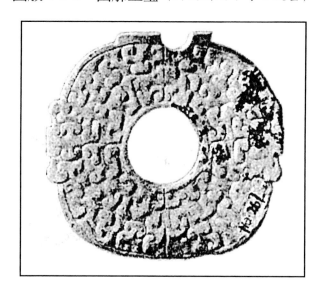

資料來源：古方主編，《中國古玉器圖典》，頁 177。

（三）玉 玦

　　絢索紋並非楚式玉雕獨有，亦常見於中原各式玉雕中，但皆散佈於局部邊緣，或零星裝飾，而加滿裝飾於器物周圍，則爲楚地獨有特徵之一。在曾侯乙墓中，出土玉玦共 17 件，大多出於東室墓主內棺，大小不一，玉色有青黃、青白、暗黃、淺赭等。除了出於墓主上、下肢外，還有一些較小的玉玦出於墓主頭部。可見玉玦體積雖小，但究其擺放位置，應可猜想是爲曾侯乙生前所珍愛之物，價值頗高。〔註201〕但附帶一提的是，筆者以爲，玦乃別之義，之所以陪葬如此多的玦，亦從而反映出曾侯乙生離死別、陰陽玦別的意涵，此說或可參酌。《說文・玉部》曰：「玦，玉佩也。從玉，夬聲。」〔註202〕玉玦形體如環，但有缺口，因此往往帶有分別、失寵、決裂、斷交等意。如《荀子・大略》中所言：「絕人以玦。」〔註203〕然從曾侯乙擺放位置看來，其用意應非如此，而是將玉玦作爲配戴之物，亦可說是將與人訣別引申爲做自己的愛物，不輕易餽贈他人之意。古人一般將玦作爲訣別之用，但也可用於

〔註201〕湖北省博物館，《曾侯乙墓》，頁 408～409。
〔註202〕〔漢〕許慎，〔清〕段玉裁注，《說文解字注》，頁 13。
〔註203〕《荀子・大略》記載：「聘人以珪，問士以璧，召人以瑗，絕人以玦，反絕以環。」參考〔戰國〕荀況，王天海校釋，《荀子校釋》（下），頁 1035。

自身佩戴的美玉。恰如東周的時尚，以玉比德或以玉比富，以顯身份，以彰
地位。〔註204〕

　　多數玉玦的內外邊緣，或僅外側邊緣，都加以絢索紋爲邊飾。圖版4-1-7
內較大的玉玦，呈青黃色，兩面皆雕有雲紋，邊緣加飾絢索紋，製作十分精
細。另一件較小的玉玦，呈青白色，單面雕刻雲紋，外緣單邊飾有絢索紋。
無論如何，玉件的邊緣或周圍，加諸絢索紋飾除突顯出器內紋樣的重點外，
更因而彰顯玉器的精華與美麗。

圖版4-1-7　玉玦（戰國早期曾侯乙墓）

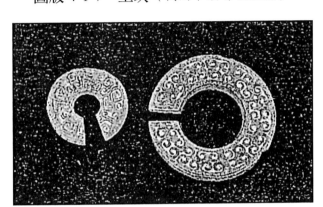

資料來源：湖北省博物館編，《曾侯乙墓》，頁402。

圖版4-1-7.1　雲紋玉玦（戰國早期曾侯乙墓）

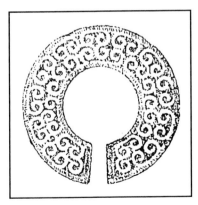

資料來源：湖北省博物館編，《曾侯乙墓》，頁402。

〔註204〕黃師建淳，〈試析春秋貴玉賤珉的玉文化〉，刊《淡江史學》，第24期，頁1
　　　　～25。

但經細察，無論是玉珮或是玉玦，多處可見全器的局部以絢索紋爲邊飾，此爲楚式玉雕特色，然此並不等同於全器的局部邊上飾有絢索紋即爲邊飾。部份玉器周邊上所裝飾的絢索紋可能是其他裝飾，而非邊飾之意。如在三門峽虢女貴族墓中出土的一件玉魚形璜，（圖版 4-1-8）上下腹背飾有簡化絢紋，〔註205〕然此簡化絢紋可能僅是魚鰭裝飾，非作邊飾之用。〔註206〕故可知絢索紋的應用，係多元的藝術紋飾。

圖版 4-1-8　玉魚形璜　　　　圖版 4-1-8.1　玉魚形璜線圖

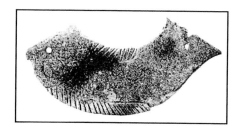 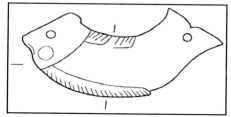

資料來源：河南省文物考古所研究所，《三門峽虢國女貴族墓
出土玉器精粹》，頁 107。

二、網　紋

網紋亦是楚式玉雕中常見的紋飾，早在紅山文化玉器中，其神獸的前額及頭飾，倒 V 字爲外框內便刻有網紋。獸形玉飾的前額，前肢兩側、後背多飾有網紋。〔註207〕或人面玉珮上的下巴刻有菱形網紋，似代表鬍鬚。〔註208〕然而新石器時代時期的其他地區以及商、西周，則甚爲少見。直至春秋晚期到戰國晚期的楚式玉雕中，出現頻繁又推陳出新，樣式豐富多變化。且有明

〔註205〕河南省文物考古所研究所，《三門峽虢國女貴族墓出土玉器精粹》（臺北市：眾志美術社出版，2002 年 3 月出版），頁 107。

〔註206〕且在中原玉雕中，亦會見絢索紋飾於局部邊緣或爲零散裝飾。因此，雖然楚式玉雕中，常見玉龍佩頭部上頷邊緣或兩側邊廓、頭尾邊廓飾有絢索紋，但未免混淆，並不將此視爲同式玉雕特徵，分別列出。參考葉蕙蘭，《漢代玉器的楚式遺風——楚式玉器的「紋」、「型」特徵分析》，頁 36～37。

〔註207〕紅山文化中的代表神獸，有玉鷹、玉龍等，玉鷹上常見可見刻有網紋在頭頂、或兩側抑或足下。參考中國玉器全集編輯委員會編，《中國玉器全集》（1）原始社會，頁 15，圖 18。

〔註208〕古方主編，《中國古玉器圖典》，頁 59。

確外形反覆出現的網紋，則爲楚式玉雕的獨特現象。〔註209〕而所謂有明確外形反覆出現的網紋，直至戰國早期才見普及。春秋晚期時所呈現的網紋形式，除了鈇形網紋、橢圓形網紋外，（圖版4-1-9）仍多爲不規則的區塊網紋，終至普及後，形態才多采多姿的更爲豐富。

圖版 4-1-9　龍紋加網紋玉瑗（春秋晚期浙川徐家嶺）

資料來源：殷志強、丁邦鈞，《東周吳楚玉器》，頁173，圖182。

圖版 4-1-9 此類的玉環，是春秋晚期楚式玉環中，紋飾最爲複雜華麗的一種。器面上有四組頭向一致的雙鉤龍紋，龍眼爲橢圓形紋，各組龍紋間飾一鈇形網紋，內廓邊緣空隙處飾有不規則的方形網紋。此一風格即爲典型的楚式風格之一，戰國早期亦可見多件相近之風範。網紋雖非楚式玉雕獨有，但在同時代的中原玉雕中則較爲罕見，因而突顯出楚人對於網紋的喜愛與偏重。

在曾侯乙墓中亦出土多件飾有網紋的楚式玉雕，臚列如下：

（一）獸面玉琮

曾侯乙墓中的玉琮，（圖版4-1-10）出土於東室墓主內棺，玉呈青白色，

〔註209〕葉蕙蘭，《漢代玉器的楚式遺風——楚式玉器的「紋」、「型」特徵分析》，頁41。

略帶醬黃色。器形較矮，內圓外方，內部的圓形部份較外部的方形高出 0.8 公分，但方形四邊較圓形部份大，中空部份為對鑽孔。器表四面均陰刻一獸面紋飾，上下兩端高出處陰刻有橫 S 紋，間飾陰刻的凹腰鼓形網紋、牛角形網紋，作為邊飾。玉琮上還加有局部綴飾的長方形、菱形、三角形網紋，整體顯得更加精細繁縟。（圖版 4-1-11.1）其中長方形網紋及三角形網紋皆為春秋晚期楚式玉器中所常見，但菱形網紋和牛角形網紋則是戰國早期才出現，後一直延續到戰國晚期，是楚式玉雕所衍生出另一藝術的特色。

圖版 4-1-10　玉琮（戰國早期曾侯乙墓）

資料來源：光復書局企業股份有限公司編輯，《戰國地下樂宮：
　　　　　湖北隨縣曾侯乙墓》，頁 177，圖 70。

圖版 4-1-10.1　玉琮紋飾線圖

資料來源：楊建芳，《長江流域玉文化》，頁 324，圖 8-5。

《說文‧玉部》曰：「琮，瑞玉，大八寸，似車釭。從玉，宗聲。」〔註 210〕玉琮製作成八方之形，象徵著四面八方的疆土，也表現在等級制度上。琮有其特殊的價值，一處墓葬通常出土一至三件左右，一次出現十餘件的極爲少數，且從新石器時代諸文化至商周及與春秋戰國之際的考古學文化中，所發現的玉器組合中琮的數量亦無太多。琮是一傳承古老文化的禮器，在「萬物有靈」的理念中，其內涵不單從外型表露，更充滿著遠古時代人們精神的情愫。〔註 211〕玉琮應是按諸侯等級、地位規定而製，是古代禮儀制度和喪葬禮俗中的規範用器。春秋時代，所謂「君子比德於玉」，亦即尚禮的延續，但隨著戰國時代的「禮崩樂壞」，玉器逐漸擺脫禮制的框架，朝向美觀、裝飾發展，〔註 212〕而此墓中所出土的玉琮，仍可見其尚禮之制，然而造型相比於前，則更注重美觀及裝飾性。

學者們對玉琮的功能研究有多種不同的意見，多數認同張光直先生的看法。張光直先生根據玉琮型製上的「內圓外方」，認爲玉琮是原始先民「天圓地方」宇宙觀的體現。他並指出，琮的玉質「爲山之象徵或山石精髓」，「方器象地，圓器象天，琮兼方圓，正象徵天地的貫穿」，琮的方、圓表示地和天，中間的穿孔表示天地之間的溝通，從孔中穿過的棍子就是天地柱。在許多琮上刻有獸面紋，〔註 213〕（圖版 4-1-11）表示巫師通過天地柱在神話動物的協助下溝通天地。因此，可以說琮是中國古代宇宙觀與通天行爲的很好的象徵物。〔註 214〕墓中共出土二件玉琮，飾有獸面紋的玉琮（圖版 4-1-10），置於墓主頭頂左側；另一件玉琮，則爲素面，放置於墓主大腿左側。〔註 215〕皆擺放

〔註 210〕〔漢〕許慎，〔清〕段玉裁注，《說文解字注》，頁 12。
〔註 211〕黃敬剛，《曾侯乙墓禮樂制度研究》，頁 215。
〔註 212〕郭德維，〈曾侯乙墓的玉器〉，刊北京文物局，《收藏家》，2001 年 12 期，頁 28。
〔註 213〕此種紋飾，一般解釋爲神與人結合的表現，是良渚文化先民想像與天溝通的表現，上方紋飾代表的是人，即「巫」；下方大眼者即神，通過這樣的一種結合，人便可將意願傳達給神，而神也可傳授祂的旨意。參考楊美莉講述，〈紅山文化及良渚文化的玉器〉，刊《大墩文化》，（臺中：臺中市政府出版，民國 88 年 11 月），頁 53～54。
〔註 214〕張光直，《中國青銅時代》（二）（臺北：聯經出版社，民國 83 年 4 月二刷），頁 75。
〔註 215〕黃敬剛，《曾侯乙墓禮樂制度研究》，頁 215～216。

在內棺的重要位置上，反映出曾國的禮玉制度和斂屍還魂的禮玉文化。

圖版 4-1-11　獸面紋

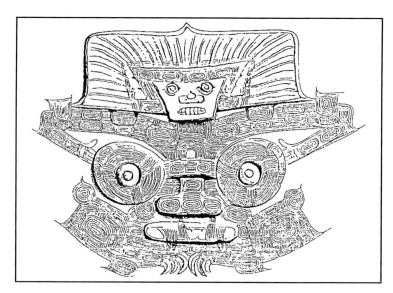

資料來源：俞美霞，《戰國玉器研究》，頁 145，線圖 71。

（二）玉　璧

帶有楚式風格的玉璧，其一是出廓，如前所述河南出土的出廓玉璧（圖版 4-1-6）應可視為開戰國、西漢時期所流行的出廓玉器之首例。戰國早期中原的出廓玉璧、環外側的鏤雕象生裝飾，通常為偶數，與楚式玉璧不同。〔註216〕例如出於湖北當陽趙家湖李家洼子墓的一出廓玉璧。（圖版 4-1-12）外廓上側，附著一個鏤雕的 W 形龍。龍嘴彎曲，前端收縮成尖狀，龍頭有點相似鳳首。頭部有簡化的頸圈紋，龍身有三處鱗形網紋，龍足及龍尾呈絢索紋。此種鳳首龍、頸圈紋和鱗形網紋，皆是楚式玉雕的特點。〔註217〕

〔註216〕楚式玉雕中的出廓樣是相較於中原更為活潑不規則，詳見本文第四章第二節論述。

〔註217〕楊建芳，《長江流域玉文化》，頁320。及楊建芳，〈楚式玉龍佩──楚式玉雕系列之一〉（上、下），刊《中國古玉研究論文集》（下），頁10～64，及頁15，圖12。

圖版 4-1-12　出廓玉璧（戰國早期當陽趙家湖楚墓）

資料來源：高至喜主編，《楚文物圖典》，頁 376。

　　另一即為具有邊飾。而邊飾又分為兩種：一為其內外廓都以絢索紋為裝飾，（圖版 4-1-13）這是沿用春秋中晚期楚式玉器的邊飾。

圖版 4-1-13　雲紋玉璧（戰國早期湖北隨縣曾侯乙墓）

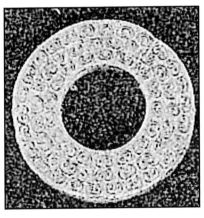

資料來源：光復書局企業股份有限公司編輯，《戰國地下樂宮：湖北
　　　　　隨縣曾侯乙墓》，頁 176，圖 65。

　　另一種邊飾則較為複雜，其內外廓邊飾不完全相同。外廓邊飾分為四段，較長的相對兩段為圓首尖勾紋；較短的兩段是絢索紋。內廓邊飾分為八段，較長四短是圓首尖勾紋；較短的四段為網紋。（圖版 4-1-14）這種不同

紋飾互相間格成邊飾的複雜手法，是後期突出的一種創新，憑添了整器塡滿紋飾的藝術之華麗，特別是在「比德於玉、比玉於富」的時代裡，類比爭奇鬥艷的繁縟紋樣，益增楚式玉雕的重要特徵，亦爲曾侯乙墓玉器的特色之。

圖版 4-1-14　玉璧邊飾紋飾

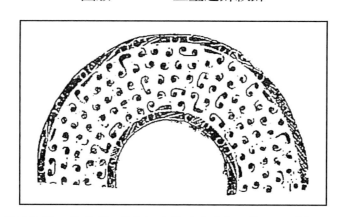

資料來源：楊建芳，《長江流域玉文化》，頁 323，圖 8-4。

　　曾侯乙墓中出土玉璧有 67 件，另有石璧 48 件。紋飾以谷紋、雲紋、素面、雙龍等爲多。〔註218〕《說文解字》曰：「瑞玉圜也，從玉辟聲。」〔註219〕玉璧圓形，象徵宇宙般的天穹，器表上裝飾的圓點雲紋象徵著天上的星象，正是所謂「璧圜象天」〔註220〕，形成了「天圓地方」說的結構之一。〔註221〕總之，玉璧及玉琮自古以來，除了孕育「天圓地方」的宇宙觀外，時至戰國時代的曾侯乙墓，陪葬了如此多的玉琮及玉璧，無外乎表彰了敬天法祖的人文精神與意義。

　　除了獸面玉琮和玉璧以網紋爲邊飾外，網紋在楚式玉雕中佔有相當的份量，常被運用在楚式玉雕上，除了做爲邊飾、局部綴飾、亦作爲間隔紋飾或是主紋飾。據觀察，曾侯乙墓陪葬的各式玉器，網紋的運用幾乎占絕對多數，一如下表 4-1-1 的線圖所示：

〔註218〕部分出土素面石質玉，多見於殉葬者，質地較軟，墨色低沉，雕琢較爲粗糙，器表上不見有雕刻的紋飾，可見其等級制度，即尊卑有別，體現了古代社會禮儀制度的規範和模式。參考湖北省博物館，《曾侯乙墓》，頁 399～403。

〔註219〕〔漢〕許慎，〔清〕段玉裁注，《說文解字注》，頁 12。

〔註220〕鄭玄注周禮云：「禮神者必象其類，璧圜象天，琮八方象地。」參考〔漢〕許慎，〔清〕段玉裁注，《說文解字注》，一篇上，玉部，頁 12。

〔註221〕黃敬剛，《曾侯乙墓禮樂制度研究》，頁 206～208。

表 4-1-1　曾侯乙墓玉器慣用網紋的運用示意圖

	圖　　示	備　　註
作爲邊飾		盛行於戰國早期
作爲局部綴飾		盛行於春秋晚期至戰國晚期

三、花朵形紋

　　「花朵形紋」從何而來，其一說即認爲戰國時代所遺留的器物上，常可見的「蔜」之花紋。楊美莉女士論述：「《左傳》僖公四年有一段記載，說齊桓公責備楚國不貢苞茅（束茅），因此無縮（注）酒之束，而致於王不能供祭。此段文字似乎也暗示，春秋戰國時代，楚地是貢束茅的主要地區，而束茅之習俗大概也流行於楚地的。如馬王堆一號墓第二重棺外的黑地彩繪上，屢屢出現此類花紋。」〔註222〕在江蘇睢寧九女墩漢畫像石上，刻劃一棵連枝樹，即見有此種花型。（圖版 4-1-15）

〔註222〕楊美莉，〈漢代文物展玉器拾萃——漢代玉器研究札記之一〉，刊《故宮文物月刊》，1999，17 卷 6 月，頁 88。

圖版 4-1-15　　江蘇睢寧九女墩漢畫像石

資料來源：《故宮文物月刊》，民國 88 年 9 月，頁 88，圖 13。

　　另一說即認為此種花朵形紋，係由殷商玉雕中普見的「鱗紋」演變而來。「鱗紋」狀似魚鱗，多單獨飾於禽獸、龍、蛇的頸部，或數個一列刻於動物的背脊或尾部，用以象徵脊椎或尾椎骨，是殷商時期的一個重要紋飾。西周之後漸不流行，到了戰國早期又重現，多出現於楚地，見於漆器、玉器、刺繡上，但分布位置已無像殷商時期般的嚴謹，有時甚會飾於器物全身。到了戰國中晚期，鱗紋與殷商時相同，成脊椎骨狀，多飾於漆器鳳紋的頸部。發展至最後演變成完整的「花朵形紋」。〔註 223〕

　　以筆者之見，「花朵形紋」實與「鱗紋」差異甚大。據考古資料顯示，鱗紋的屬性原係一族徽性質，而花朵形紋應是發源於楚玉紋飾，故兩者本不應相關而並論。在本文的研究裡，因楚風祭酒的典故，而曾墓相關文物所顯示出花朵形紋者，必與尚鬼崇巫的祭禱關聯，從而認知曾侯乙墓玉器所蘊含的特色。

　　戰國中晚期時，「花朵形紋」發展才算完整，花朵獨立呈現，體型變得較小，具有花蕊、花瓣及花梗，是一完整的花朵。且受楚式玉雕的影響，花朵形紋內多刻有網紋。如戰國中期湖北荊門出土的玉璧上，側邊即見有花朵形

〔註 223〕廖泱修〈試析戰國楚式「玉瓶形飾」擺置方向與正名──兼論「花朵形紋」的由來與演變〉，刊楊建芳師生古玉研究會編著，《玉文化論叢》（1）（北京：文物出版社，2006 年 7 月），頁 172。

紋。（圖版 4-1-16）而曾墓內的玉雙龍珮上，（圖版 4-1-17）兩龍卷起的龍尾，
再加上中間突出處，看似具有花蕊、花瓣的一朵花。因而推測，此雙龍珮的
表現手法，極有可能爲「花朵形紋」的雛形。

圖版 4-1-16　玉璧（戰國中期湖北荊門）

資料來源：楊建芳師生古玉研究會編著，《玉文化論叢 1》，頁 157，
　　　　　圖 151、154。

圖版 4-1-17　玉雙龍珮（戰國早期曾侯乙墓）

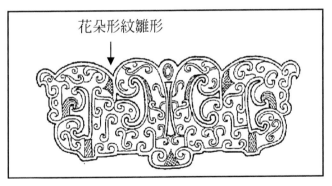

資料來源：楊建芳師生古玉研究會編著，《玉文化論叢 1》，頁 157，
　　　　　圖 151、154。

　　花朵形紋的由來，無論是源自於楚人以束茅行祭的蔝花紋樣，抑或是由
殷商時期常見的鱗紋所演變而來。此種紋飾在戰國楚式玉雕中係一鮮明特
色，爲辨別楚式玉雕的一特徵，且影響至西漢。另一時與花朵形紋共存在的
「花葉形紋」，在洛陽金村戰國大墓中出土的玉串飾，上端的卷雲形同體雙龍

玉珮，龍頸飾有寫實的花葉形紋，下端兩件漩渦狀的龍佩，龍身各有一花朵形紋，這樣的組合，雖非飾於同一玉珮上，但卻同存於一組合的玉飾，說明此兩種紋樣應爲同一時代。〔註224〕爰是之故，亦不難推論曾墓陪葬的規範，當與楚玉息息相關。

四、裝飾線紋所呈現的藝術內涵

　　楚式玉雕各樣紋飾中，另可發現常在玉器上加飾小紋樣，如單一撮毛的紋樣，或是加飾「 ⌒ 」、「 ◆ 」、「 ⊥ 」、「 ✦ 」等紋樣，類似如此手法，幾乎不見中原地方有此種樣式。此飾樣的運用，爲常見約在戰國晚期，且大部分見於傳世品上。然在曾侯乙墓中亦可見此類運用手法，如墓中出土的雙龍珮，（圖版 4-1-18）S 形龍橫置，頭部和尾部接觸，呈相連狀。龍身遍飾紋樣，雙鉤 S 紋、卷雲紋、三角網紋及長方框裡塡有平行斜線紋。〔註225〕然後在龍身邊緣加飾少許彎勾紋樣。或如同墓出土的玉劍首（圖版 4-1-19）亦運用了此手法。在輪廓邊緣上加飾小紋樣，顯現出楚式玉雕中所帶有的活潑生動氣息，這種純粹富於裝飾的趣味，體現了楚人的浪漫情懷。

圖版 4-1-18　玉龍珮局部（戰國早期曾侯乙墓）

資料來源：楊建芳，〈楚式玉器的特點〉，頁 163，圖 210。

〔註224〕楊建芳，〈楚式玉龍佩〉（上），刊《中國古玉研究論文集》（下），頁 23～25，圖 33。

〔註225〕楊建芳，〈楚式玉龍佩——楚式玉雕系列之一〉（下），刊《中國古玉研究論文集》（下），頁 47，圖 118。

圖版 4-1-19 玉劍首局部（戰國早期曾侯乙墓）

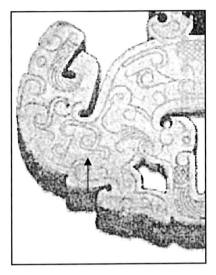

資料來源：楊建芳師生古玉研究會編著，《玉文化論叢》（1），
頁 163，圖 210。

　　曾墓位於楚地，在楚文化的薰陶下，出土器物更帶有著楚式色彩。無論是加有絢索紋為邊飾的各類玉雕，抑或飾於器表各種多變化形狀的網紋，或是點綴在其他小部位的加飾紋樣。在戰國時期流行的雲紋、穀紋下，楚式玉雕中加諸的這些小巧思，表現了楚人崇尚繁華圖式的一個文化性。〔註226〕

　　楚人崇巫，以美娛神，他們相信要想取悅神明，得到庇祐，便要先以各種美的形象來來滿足神明，因此楚器物中表現了一種繁豔華麗的作風。和較為簡單樸素的中原玉器相比，楚式玉雕多了華麗的邊飾，器形上也少有空白。紋飾是繁複細密的，流動的線條帶著充滿靈動的繁華，透過豐富多樣的紋飾，表達楚人對天地的尊崇。

　　他們從原始社會而來，帶有人類社會早期追求感官滿足、喜愛裝飾之風的原始氣息。在楚玉中也不乏原始遺留的痕跡，如在曾墓中形似良渚文化的玉琮。或如淅川下寺楚墓出土的玉笄，其中段都橫穿有一孔，這種特殊作法與石家河文化的玉笄中段穿孔如出一轍，此些特徵，或可猜想是受在楚人的玉文化中，受原始巫文化影響所遺留的另一特徵，〔註227〕也是本文探索曾墓

〔註226〕楊偉，〈論楚裝飾藝術構成圖式〉，刊中國美術出版社，《美術之友》，2008 年
　　　　5 月，頁 18～19。
〔註227〕楊建芳，《長江流域玉文化》，頁 276。

玉器特色的心得之一。

第二節　龍鳳紋

一、龍紋及其演變

　　曾侯乙墓中的玉器是以佩玉爲主，《禮記・玉藻》曰：「古之君子必佩玉，右徵角，左宮羽。……行則鳴佩玉，是以非辟之心，天自入也。」〔註228〕佩玉除了象徵君、侯、將、相的政治地位外，也代表了修身養性君子之德。〔註229〕在曾墓中多見以龍爲造型的配飾，或是刻有龍紋的飾樣，不難窺知龍文化在曾國所受到的重視及推崇。然曾墓受楚文化影響甚深，龍之造型或是紋飾的表現方式，都和中原地區略有不同，以下就曾墓中所見相關龍紋的獨特造型或其簡化的紋飾分述如下：

（一）不對稱的佈局

　　戰國出廓玉璧幾乎都成左右對稱狀，（圖版4-2-1）一般而言，左右兩邊對稱，璧底左右角亦對稱，紋飾曲折有力，犀利硬朗，且其龍首皆朝向外，此乃當時的時代風格。〔註230〕雖說無論中原或是楚地大致爲如此風格，但本文的研究發現，仍有數件例外，且此數件佈局不對稱者皆出自楚地，〔註231〕特別是曾侯乙墓的玉器。

　　此種不規則的特點，依楊建芳先生的見解，在〈楚式玉器的特點〉中分爲三點論述，就筆者的考察，曾侯乙墓的玉器正強烈的表現出相關的特色，分述如下：〔註232〕

〔註228〕〔清〕阮元校勘，《十三經注疏》，《禮記》，玉藻，頁263～264。

〔註229〕參閱黃師建淳，〈試析春秋戰國貴玉賤珉的玉文化〉，刊《淡江史學》，第24期，頁1～25。

〔註230〕王文浩、李紅，《戰國玉器》，頁14。

〔註231〕楊建芳，〈楚式玉器的特點〉，刊楊建芳師生古玉研究會編著，《玉文化論叢1》，（北京：文物出版社，2006年7月），頁112～113。

〔註232〕另一不均衡的造型則爲鏤雕與陰刻或淺浮雕相結合的象生造型，此種象生造型通常爲玉器側端的裝飾，在戰國晚期的楚式玉器中甚爲流行，卻幾乎不見於其他地區。如在大英博物館收藏的龍螭鳳玉璧，或見於淮陽平糧臺楚墓的雙鳳玉首等。參考楊建芳師生古玉研究會編著，《玉文化論叢1》，頁112～114、149，圖76、79。

圖版 4-2-1　龍紋玉璧（戰國早期曾侯乙墓）

資料來源：古方，《中國古玉器圖典》，頁 178。

（1）輪廓不規整：其一爲上節所述之河南淅川下寺春秋中後期的一龍紋玉璧，其左右兩端的龍紋凸伸出邊廓之外，改變了原本規整的圓形輪廓。或是因材造型，未多加工，因而呈現不規則的輪廓造型，如淅川下寺楚墓中出土的兩件玉瓚。〔註233〕（圖版 4-2-2）

圖版 4-2-2　玉瓚線圖（淅川下寺楚墓）

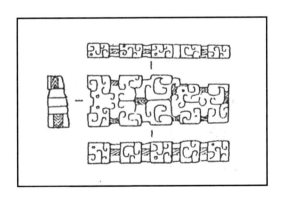

資料來源：楊建芳師生古玉研究會編著，《玉文化論叢 1》，頁 148，
　　　　　圖 74。

（2）裝飾不對稱：係指玉器邊廓外的象生裝飾不對稱，因而產生不均衡的造型。如曾侯乙墓中出土的石璧，（圖版 4-2-3）外緣飾有雙龍。雖是一雙，

〔註233〕河南省文物研究所，《淅川下寺春秋楚墓》，（北京：文物出版社，1991 年 10月），頁 238，圖 177：3～4。

且皆爲龍，但位置不在同一水平，大小姿態也不同，整體而言是不對稱、不均衡的一種形式。此一呈現方式，相較於對稱的和諧模式，則更帶有動態的意趣。石璧上一龍回首沿璧攀附而上；一龍抬首由下托璧。兩龍似圍繞著石璧相互對應般，活靈活現的展示了楚人玉雕中生動靈巧的動態特性。另一種形式則是象生裝飾爲奇數，或是爲不同種類，亦無法形成對稱造型。如同墓出土的另一石璧，邊廓外單鏤雕一個 S 形龍，（圖版 4-2-4）亦屬頗具創意而不對稱的造型。〔註234〕

圖版 4-2-3　雙龍石璧（曾侯乙墓）　　圖版 4-2-4　石璧（曾侯乙墓）

資料來源：湖北省博物館，《曾侯乙墓》，頁 402，圖 245：4、5。

（二）龍紋結構的演變

戰國時期以龍爲形制的玉器極多，璧外圍飾有龍形，或是以龍爲形所製成的玉珮等等，無論中原或楚地，都十分常見。而部分學者認爲以龍形爲紋飾而雕刻在玉器上的，則並不常有。〔註235〕在曾墓中出土的玉方鐲，或名矮體琮，（圖版 4-2-5）共兩件，爲一對，相鄰出自墓主腰間，出土完整。玉質爲青白色，圓角方形，手鐲內孔不甚圓，器表四角，各浮雕一條卷龍，〔註236〕

〔註234〕在楚式玉雕中此種不對稱的情形頗常可見，如淮陽平糧臺戰國晚期楚墓隨葬的一件連體雙鳳玉首，其左右鳳首的大小及姿態均不相同，整體看來亦無對稱和諧之貌。或另一據傳出自河南洛陽金村戰國晚期大墓的玉璧，其邊廓外側所飾的亦爲大小不一的不對稱二龍，肉璧也雕有一龍。龍身飾有楚式玉雕中可見的花朵形紋等，應爲楚式玉器無疑。湖北當陽李家窪子楚墓的一件穀紋玉璧，其邊廓僅有一個 W 形鳳首龍。無論是以不同姿態出現，或是只是有單一奇數等，楚式玉雕中皆不乏此種例子，顯示出其和中原玉雕循規蹈矩、追求和諧對稱美感的風格相異，表現出楚人追求創新的民族性。參考楊建芳，〈楚式玉器的特點〉，頁 113、143、149，圖 18、77。

〔註235〕俞美霞，《戰國玉器研究》，頁 148。

〔註236〕部份學者認爲此非龍紋，而是螭紋。參考葉蕙蘭，《漢代玉器的楚式遺風──

四壁琢刻穀紋，兩玉鐲大小相近。〔註237〕浮雕的卷龍，回首、翹尾，並有前、後足，似為舞爪狀，姿態極為矯健生動。或可說為戰國後期盛行的「走龍有足」之淵源。〔註238〕

圖版 4-2-5　玉方鐲（戰國早期曾侯乙墓）

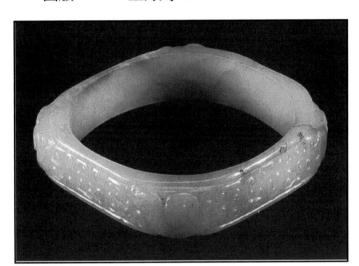

資料來源：湖北省博物館，《曾侯乙墓》，頁414，圖248-2。

圖版 4-2-5.1　玉方鐲紋飾拓片

資料來源：湖北省博物館，《曾侯乙墓》，頁414，圖248-2。

　　此玉鐲應為墓主人生前所佩戴的瑞玉。在先秦考古發掘中甚為少見，應為稀罕之物。除曾侯乙墓外，另於西周早期山東魯國一墓葬中，見有玉鐲戴

　　　　楚式玉器的「紋」、「型」特徵分析》，頁87～89。
〔註237〕湖北省博物館，《曾侯乙墓》，頁414。
〔註238〕俞美霞，《戰國玉器研究》，頁148。

在墓主人右手腕處，〔註239〕除此之外則幾乎不見。商周至戰國時期，玉璧、璜、玦、珮等較爲常見，出土數量亦豐富，而玉鐲無論在中原還是楚地，都甚少見到，此爲曾國不同於周、楚獨特之處，令人矚目。

　　玉鐲之上的龍紋清晰可見，然學者也指出，龍紋在春秋時代頗爲流行，到了戰國時期，並非少見，而是隨時代的變遷，漸以簡化或是分解的形式出現，較難以具體形象辨認。春秋早期時多數龍紋較爲具象，頭、身、尾均有刻出，或僅雕出頭部以象徵整體，龍頭的眼或眉及上、下顎都以雙鉤陰刻手法雕出；中期則加雕向下伸吐的龍舌，且龍紋漸趨簡化，上下相連呈 S 形；晚期則多數龍紋已呈簡化，甚至開始有分解的現象，更難以辨識。時至戰國，龍紋分解的現象已極爲普遍。〔註240〕

表 4-2-1　龍紋結構的演變

時　　代	特　　色	示　意　圖
春秋早期	由平行雙線構成，具有明顯五官特徵。	
春秋中晚期	由雙陰線、凹面構成，五官清楚。	

〔註239〕此墓爲山東地區逄國夫人墓，出土時墓主人右手戴有 11 件玉鐲。參考德州地區文化局文物組，〈山東濟陽劉台子溪州早期墓發掘簡報〉，刊《文物》，1981 年 9 期，頁 18～24。及山東省文物考古研究所，〈山東濟陽劉台子西周六號墓清理報告〉，刊《文物》，1996 年 12 期，頁 16～23。

〔註240〕楊建芳，〈龍紋、渦紋、穀紋、蒲紋、乳丁紋——東周玉器主要紋飾的演變及定名，兼論《周禮》成書年代〉，刊楊建芳，《中國古玉研究論文集》（下），（臺北：眾志美術出版社，2001 年 9 月出版），頁 65～69。

春秋中晚期	單陰線組成，盛行於春秋中晚期的秦國地區。〔註241〕	
春秋晚期	浮雕龍紋，龍紋經過簡化、分解，五官較難辨識。	
戰國早期	浮雕雲穀紋相雜，在此時期，龍紋分解的現象已極為普遍。	
戰國早期	線刻雲穀紋相雜。	
戰國晚期	浮雕穀紋，出現整齊的排列。	

〔註241〕東周時期各國玉器的題材設計、表現手法，因社會背景、地理環境等各種不

戰國晚期	線刻穀紋。	
戰國晚期至漢	蒲紋，在戰國晚期出現，但罕見，西漢時期盛行。	

資料來源：吳棠海，《中國古代玉器》，頁 60～63。〔註242〕

　　在曾墓出土的雲紋玉璧（圖版4-2-6），共出土 5 件，此器爲最大的一件。（直徑 15.1 釐米，孔徑 7.2 釐米，厚 0.8 釐米。）內、外緣兩面皆陰刻有陶索紋，青黃色、孔壁直，局部微有缺損。〔註243〕其紋飾單位看似由穀紋及卷雲紋組成，實際上是六個分解後的龍紋。每一個龍紋包含兩個由絢紋連接的穀紋，可能是上、下顎。另一件穀紋玉璧，（圖版4-2-7）玉質爲青黃色，由穀紋、卷雲紋、長尾蝌蚪形紋和變形長尾蝌蚪形紋〔註244〕組成，整個璧面紋飾，由於龍紋經過簡化、分解以後，五官難以辨識，充滿了抽象而神秘

同條件的影響，因而有地域性的差異。如秦國玉器是以簡洁明快的線條爲主，呈現較爲抽象的主體。以龍紋表現手法爲例，是單獨以線條組合，形成簡單的龍紋，紋飾較爲剛直，此乃不同於同時代他國的一特徵。參閱賈嘉，〈東周玉雕的南北差異〉，刊北京市文化部編輯，《藝術市場 Art Market》，2009 年 7 期，頁 58～59。

〔註242〕另參考楊建芳，〈龍紋、渦紋、穀紋、蒲紋、乳丁紋──東周玉器主要紋飾的演變及定名，兼論《周禮》成書年代〉，刊楊建芳，《中國古玉研究論文集》（下冊），頁 65～74。

〔註243〕湖北省博物館，《曾侯乙墓》，頁 403。

〔註244〕變形長尾蝌蚪形紋，即長尾向外折。戰國中期之後，龍紋分解現象已罕見，卷雲紋、長尾蝌蚪形紋、變形長尾蝌蚪形紋幾乎不見。玉器上普遍出現的爲穀紋或渦紋。參考楊建芳，〈龍紋、渦紋、穀紋、蒲紋、乳丁紋──東周玉器主要紋飾的演變及定名，兼論《周禮》成書年代〉，刊楊建芳，《中國古玉研究論文集》（下），頁 68。

的形象。

圖版 4-2-6　雲紋玉璧（戰國早期曾侯乙墓）

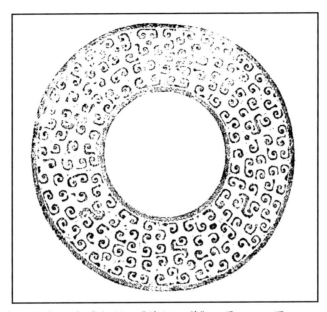

資料來源：湖北省博物館，《曾侯乙墓》，頁 402，圖 245-2、1。

圖版 4-2-7　穀紋玉璧（戰國早期曾侯乙墓）

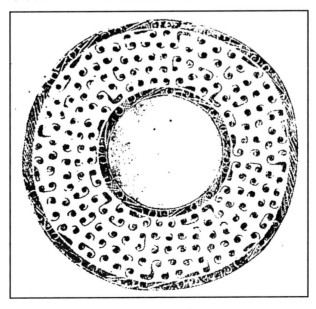

資料來源：湖北省博物館，《曾侯乙墓》，頁 402，圖 245-2、1。

　　曾侯乙墓中不乏穀紋玉璧或玉環，在漢代的幾何紋璧中，也以穀紋玉璧數量最多。〔註245〕穀紋和其他紋飾不同之處，在於穀紋只見於玉器上，不見於其他器物，且最常出現在玉璧或是玉龍珮上。玉器飾有穀紋，視為吉祥，寓意農業豐收。在《周禮·春官·典瑞》多載有「穀璧」，其注曰：「穀，善也。其飾若粟文然。所以養人。」〔註246〕經學者研究下，認為戰國時代，玉龍珮上飾有穀紋極為普遍，是與古代天文星象有關。從曾侯乙墓中出土的漆箱蓋上，繪有二十八宿全名，〔註247〕（圖版4-2-8）可知星象二十八宿說，最晚至戰國時代已完備。再按《漢舊儀》中所記：「龍星左角為天田，右角為天庭。天田為司馬，教人種百穀為稷。」〔註248〕「龍星」即東宮蒼龍七宿之統稱。玉龍珮上雕有穀紋，即先民認為龍星主穀，在龍身上寄託風調雨順，五穀豐收的祝願之意。〔註249〕「蒼璧禮天」〔註250〕亦為同理，古人將可以祈求豐收的穀紋，雕琢在用以禮天的玉璧上，藉以祈求豐衣足食。

　　穀紋玉璧的功能極多，尺寸中小型者，可單獨懸佩，或作為玉件串聯成組佩，亦可作為葬玉，隨置在墓主周邊。曾侯乙墓中出土共七件，其中六件位於墓主內棺，另一件則出自東槨室。〔註251〕被神化的玉器，先民相信將玉置於墓主周身，具有靈性可以帶給墓主護佑。然除此之外，《周禮·春官·大宗伯》曰：「子執穀璧，男執蒲璧。」〔註252〕可知在周禮中，亦是區別天子、

〔註245〕鄧淑蘋，〈從漢代玉璧論璧在中國文化史上的意義〉，刊國立故宮博物院，《故宮學術季刊》，（臺北市：國立故宮博物院），民國102年3月，頁1～43。

〔註246〕〔清〕阮元校勘，《十三經注疏》，《周禮》，春官典瑞，頁316。

〔註247〕在圓拱型箱蓋上，以黑漆為地，中央朱書一個大的「斗」字，環繞「斗」字旁，書有二十八宿名稱，即角、亢、氐、方、心、尾、箕、斗、牽牛、婺女、虛、危、西縈、東縈、奎、婁女、胃、矛、縪、此佳、參、東井、鬼、酋、七星、張、翼、車，亢宿下還有「甲寅三日」四字。蓋面兩頭還繪有青龍、白虎圖像代表四象。這是目前可知有關二十八宿名稱與四象相配的最早實物文獻。參考湖北省文物考古研究所，《戰國地下樂宮：湖北隨縣曾侯乙墓》，頁179。

〔註248〕衛宏，《漢舊儀》，（臺北市：臺灣商務，民國54～55年），頁65。

〔註249〕尤仁德，〈兩周玉雕龍紋的造型與紋飾研究〉，刊《文物》，1982年第7期，頁73。

〔註250〕《周禮·春官·大宗伯》記載：「以玉作六器，以禮天地四方；以蒼璧禮天，以璜琮禮地，以青圭禮東方，以赤璋禮南方，以白琥禮西方，以玄璜禮北方。」璧為六器之首，用以祭天祈求。參閱《周禮》，春官大宗伯，〔清〕阮元校勘，《十三經注疏》，卷三，頁281。

〔註251〕湖北省博物館，《曾侯乙墓》，頁400～406。

〔註252〕《周禮》，春官大宗伯，〔清〕阮元校勘，《十三經注疏》，卷三，頁280。

諸侯等級的禮制規範。〔註253〕

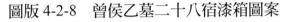

圖版 4-2-8　曾侯乙墓二十八宿漆箱圖案

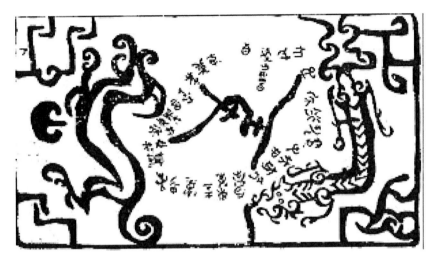

資料來源：湖北省文物考古研究所，《戰國地下樂宮──湖北隨縣曾
侯乙墓》，頁 179，圖 82。

　　雲紋象徵的是「天圓地方」的宇宙觀。《說文解字》述及：「雲，山川氣
也。從雨云，象雲回轉形。凡雲之屬皆從雲，古文省雨。」〔註254〕再觀察器
物上所表現的雲紋，都有迴轉的形象，無論呈現的是銳角形狀或是圓轉，皆
帶有著迴轉的特性，可知器物上的雲紋淵源，是爲仿傚自然中的現象而來。
另據研究資料顯示，古文的雲 ？、回 ◎、神（申） ？、雷 ？ 等字，皆具有
迴轉的象形，係屬於同一系統的符號，凡此觀念性符號多具有濃厚的神意，
一如天神必在高聳的天雲裡。〔註255〕所見商周彝器多以雲（雷）紋作爲襯地

〔註253〕鄭玄爲「子執穀璧，男執蒲璧」注曰：「穀，所以養人；蒲爲席，所以安人。
　　　　二玉蓋或以穀爲飾，或以蒲爲緣飾。」將穀紋視爲穀粟的象徵，蒲紋則爲仿
　　　　校蒲席。然楊建芳先生則提出相異看法，認爲穀紋實由渦紋發展而成，蒲紋
　　　　則是龍紋分解後所派生的紋樣，或可爲參考。參閱楊建芳，〈龍紋、渦紋、穀
　　　　紋、蒲紋、乳丁紋──東周玉器主要紋飾的演變及定名，兼論《周禮》成書
　　　　年代〉，刊楊建芳，《中國古玉研究論文集》（下），頁 74～75。及《周禮》，
　　　　春官大宗伯，〔清〕阮元校勘，《十三經注疏》，卷三，頁 280。
〔註254〕〔漢〕許慎撰，〔清〕段玉裁注，《說文解字注》，雨部，（臺北：漢經文化事
　　　　業有限公司，民國 69 年 3 月），頁 580。
〔註255〕黃師建淳，〈宣揚華人文化促進族群融合：以一件中華玉器的解析爲例〉，刊

的紋飾，意在表達一種「神性之賦予」的觀念。

雲紋和穀紋相雜呈現，是戰國早期十分流行的飾樣。部分學者認爲這樣的組合係由春秋晚期所流行的浮雕龍紋簡化分解而來，亦即把具象的龍紋，組合成抽象的，透過雲紋和穀紋表現出來。如此的呈現方式有其重要意義，即開創了抽象、規律紋飾的開始。〔註256〕無論是由龍紋分解演化而來的雲紋、穀紋，亦或是觀察自然物象而雕琢出來的紋飾，都是先民透過器物表達信仰的一種體現，藉由器物本身的靈性加上刻有特殊涵義的紋飾，冀以物饒民享、用之不匱的企求。

（三）龍紋組數及其排列方式

楚式玉雕與中原玉雕的另一大相異點，即龍紋的組數還有龍首朝向。中原玉璧上的龍紋，龍首均是朝外，也以偶數組爲主，且不單玉璧，玉玦上也可見如此。中原地區西周至春秋時期的玉玦，其上龍紋都是偶數，而且左右對稱。〔註257〕係因規整和對稱的造型會令人們的視覺產生平衡、穩固、完美等效果，所以自古以來的玉工，在雕琢非象生玉器時，通常會依照這個原則。但是楚墓出土的玉器中則可見例外，如在河南淅川下寺出土的一件玉玦，（圖版4-2-9）一面光素，一面刻飾七個龍紋，四個龍首朝左，三個龍首朝右，可見其爲奇數紋，佈局又非對稱的一個例子。此種樣式，〔註259〕在中原玉雕中，迄至目前爲止極爲少見。

曾墓中的一件玉梳，（圖版4-2-10）是出土的楚式玉雕中少見的一生活用具。出自墓主頭下，灰白色，通體拋光，光澤略淡，器體薄扁。玉梳共23齒，齒部平素無花紋。上半段以絢索紋爲邊飾，紋飾上半有兩個顛倒的相向陰刻龍紋，下半亦有兩個相同的陰刻龍紋，〔註259〕但不顛倒，正反面紋飾皆相同。上端穿有一孔，玉器穿孔應爲一種習俗，連玉梳也無例外。

《開拓僑民與華語文教育新境界》（臺北：中華民國海外華人研究學會，2010年12月），頁109。

〔註256〕孫慶偉，《戰國玉器》，（臺北：財團法人震旦文教基金會，民國96年9月初版），頁27。

〔註257〕楊建芳，《長江流域玉文化》，頁142～143。

〔註259〕殷志強、丁邦均主編，《東周吳楚玉器》，頁114，圖121。

〔註259〕在《中國玉器圖典》中解釋玉梳：「梳背外緣雕刻斜線紋，中間對稱分布卷雲紋。」見古方主編，《中國玉器圖典》，頁218。或有多處認爲此玉梳上布有雲紋，然楊建芳先生則認爲玉梳上所刻有的爲雙鉤陰刻龍紋，而非雲紋。參考楊建芳，《長江流域玉文化》，頁331。

〔註260〕

圖版 4-2-9　玉玦（河南淅川下寺）

資料來源：楊建芳師生古玉研究會編著，《玉文化論叢》（1），
頁 158，圖 168。

圖版 4-2-10　玉梳（戰國早期曾侯乙墓）

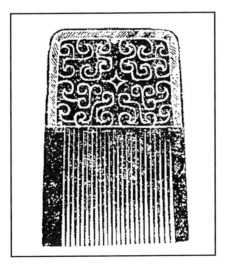

資料來源：湖北省博物館，《曾侯乙墓》，頁 428，圖 251-2。

〔註260〕黃敬剛，《曾侯乙墓禮樂制度研究》，頁 235。

　　玉梳置於墓主頭下方，此一葬玉說明將墓主生前的生活用品，全盤比照的置於墓中，以便墓主可在陰間繼續享用，〔註261〕應可視爲「事死如事生」的具體實踐。在曾侯乙墓中還可見另一生前實用的器具，即玉韘。（圖版4-2-11）《說文・韋部》：「韘，射決也。所以拘弦，以象葉聲。詩曰：童子佩韘，弽，韘，從或從弓。」〔註262〕玉韘有兩種用途，一是用於射手扣弦之用，另一則是童子佩戴之物。〔註263〕此件玉器呈灰黃色，通體拋光。器體上、下兩端平齊，平面呈前尖後圓的橢圓形，中間有一橢圓形穿孔，用於套手指。後部的壁上橫穿一小孔，側面有一小鉤。出土於墓主左手掌處，〔註264〕加上曾侯乙墓中所出土的弓55件，箭鏃4507件。〔註265〕說明此物爲拉弓扣弦之器，故將此物隨葬置於手掌處。

　　玉韘迄今所知，最早應出土於殷墟婦好墓。〔註266〕經由不停演變，發展至漢代已成爲韘形佩飾。春秋戰國時期的器形外觀，從上端看橫截面呈雞心型，而下端爲圓形，此點仍和商周時期外觀相近。〔註267〕然除此，東周時期的玉韘仍有明顯不同的變化，如曾墓出土的此件玉韘，器體較矮，狀似指環。最顯著的差異，在於東北或西北側端，有一柄狀凸翼，此非裝飾，而是韘器射箭時，可用以扣弦張弓的主要結構。〔註268〕因此，墓中出土的玉韘，即爲墓主人生前的實用器物。然上方穿孔可供佩戴，足見此玉韘已從一射箭的實用品，發展至專爲佩戴的裝飾用品。

〔註261〕古人梳完頭髮後，便將梳子插在髮上，做爲裝飾，亦或只是梳形髮飾。在新石器時代大汶口遺址出土一件牙梳，可見早在新石器時代便有以梳子爲裝飾，商代更爲常見。木梳或笄在周代墓葬多有出土，等級較高的墓則出現墓主人用玉質品製作髮飾。參考那志良，〈梳與帶鉤〉，刊《故宮文物月刊》，（臺北市：國立故宮博物院，民國76年4月），頁134～135。及黃敬剛，《曾侯乙墓禮樂制度研究》，頁235。

〔註262〕〔漢〕許慎撰，〔清〕段玉裁注，《說文解字注》，韋部，頁238。

〔註263〕《經籍纂詁・葉韵補遺》曰：「詩芄蘭：童子佩韘。唐石經作童子佩韘；御覽六百九十二作童子佩韘。」參考〔清〕阮元等輯，《經籍纂詁》，（臺北市：泰順出版社，出版年月不詳），頁1065。

〔註264〕湖北省博物館，《曾侯乙墓》，頁425～434。

〔註265〕湖北省博物館，《曾侯乙墓》，頁425～434。

〔註266〕夏鼐，《殷墟玉器》，（北京：文物出版社，1982年出版）圖版118。

〔註267〕江榮宗，〈從「江蘇南京仙鶴觀東晉墓」出土之心形佩論玉韘、韘形佩之正明與型制演變〉，刊楊建芳師生古玉研究會編著，《玉文化論叢1》，頁238～247。

〔註268〕黃師建淳，〈玉韘的演變〉，刊《淡江史學》，頁5～6。另可參考同篇論文圖8及圖9，爲「春秋時期韘形器結構圖」、「韘器套指鉤弦示意圖」。

圖版 4-2-11　玉玦（戰國早期曾侯乙墓）

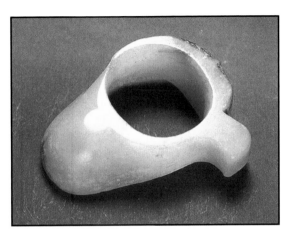

資料來源：湖北省博物館，《曾侯乙墓》，圖版 154-1。

　　從出土的玉梳及此件玉玦，不難察悉，楚人深信死後的第二個世界，以另一角度言，將生前用玉隨葬安置，亦昇華爲不懼死亡的哲學義涵。

（四）圓首尖鉤紋

　　經比對發現，西周青銅器上有一種紋飾，由兩個輪廓呈斜三角的紋樣反向相疊構成，整體輪廓呈長方形，此種紋飾被稱爲斜角雲紋或夔龍紋。（圖版 4-2-12）〔註269〕原本流行於晚商和西周青銅器，在西周玉器上偶見。〔註270〕但在東周楚式玉雕裡則廣泛流行，成爲具有特色的紋樣。不過，東周楚式玉雕中的這種簡化夔龍紋，更進一步的抽象化，成爲圓首尖鉤紋，且往往兩個圓首尖鉤紋反向相疊，河南溫縣春秋晚期盟誓遺址的 S 形玉龍珮上飾單一圓首尖鉤紋，應是至今所知東周楚式玉雕中最早出現此類紋樣的玉器。龍眼爲菱形，龍珮上顎前端尖且上翹，是爲戰國楚式玉龍珮龍首的特色。〔註271〕龍身上所遍飾之網紋及反向相疊的圓首尖勾紋，〔註272〕皆爲楚式玉器所流行的

〔註269〕容庚、張維持，《殷商青銅器通論》，（北京：文物出版社，1984 年 10 月初版），圖 36、76。

〔註270〕北京市文物研究所，《琉璃河西周燕國墓地》，頁 203，圖 141：7，彩版 48：1。

〔註271〕東周時期的中原玉龍珮，上顎大部分較短，春秋晚期至戰國早期的楚式玉龍珮也多如爲此，但至戰國中晚期，則可見部份楚式玉雕中的玉龍珮上顎變得較長，成爲楚式玉龍珮一特點。參考楊建芳，〈楚式玉龍佩〉（下），刊楊建芳，《中國古玉研究論文集》（下），頁 31。

〔註272〕楊建芳，〈楚式玉龍佩〉（上），刊楊建芳，《中國古玉研究論文集》（下），頁 20。

紋飾。

　　圓首尖鈎紋見於楚式玉雕上，早期是為局部綴飾，或次要紋飾的性質，如春秋晚期上的龍珮。戰國以後則成對出現，漸趨流行乃至戰國中晚期，也隨著流行趨勢慢慢成為主要的紋飾。此種紋飾較常出現在玉劍飾及各式龍珮上。〔註273〕戰國早期，圓首尖鈎紋常與方形區塊網紋或簡化絢紋結合，或單獨出現作為邊飾，在玉璧上經可見。如上節提及圖版 4-1-13 玉璧上的邊飾，內圈即為圓首尖鈎紋和方形區塊網紋相間為邊廓，外圈則以圓首尖鈎紋為邊飾，相對兩段加以簡化絢紋作邊。〔註274〕

圖版 4-2-12　西周青銅器紋飾（拓片）

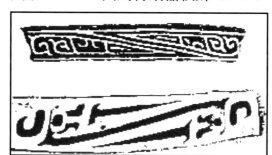

資料來源：容庚、張維持，《殷商青銅器通論》，圖 36、76。

　　此紋飾在曾侯乙墓中，可見作為邊飾及局部綴飾。如十六節龍鳳玉珮，在其中的套環上即雕有反向相疊的圓首尖勾紋。（圖版 4-2-13）

圖版 4-2-13　十六節龍鳳玉珮局部線圖〔註275〕（戰國早期曾侯乙墓）

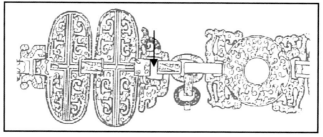

〔註273〕葉蕙蘭，《漢代玉器的楚式遺風──楚式玉器的「紋」、「型」特徵分析》，頁71～72。

〔註274〕見圖版 4-1-13。

〔註275〕楊建芳，〈楚式玉龍珮（上）〉，刊楊建芳，《中國古玉研究論文集》（下），頁21，圖30。

或是曾墓出土的一對鏤雕玉璜，（圖版 4-2-14）將弧形片狀玉璜鏤雕成象生造型，分別雕有四龍、兩鳳以及六螭，邊飾上即刻有圓首尖鉤紋。此鏤雕玉璜出土一對，玉質呈青黃色，器形扁寬而厚。不單邊飾上琢有的圓首尖鉤紋爲楚式玉器風格，其鏤雕成象生動物亦爲楚式特點之一。

圖版 4-2-14　鏤雕玉璜線圖（戰國早期曾侯乙墓）

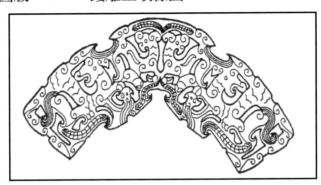

資料來源：楊建芳師生古玉研究會編著，《玉文化論叢》（1），頁 146，
圖 51。

　　楚式玉器的種類雖與中原玉器大同小異，但在有些器類上，楚式玉雕造型表現則較爲特別。如前所述不對稱的出廓玉璧、不均衡的造型等。另可見楚式玉璜，也有其不同於中原的特殊造型。此種異型玉璜除了曾侯乙墓中所出土的鏤雕玉璜外，另有廓外裝飾以及層疊式二種造型。廓外鏤雕龍鳳等裝飾造型，在戰國時期多種器類上皆可見，然楚墓中出土的造型裝飾則較爲特殊。例如在湖北漢陽熊家嶺戰國中期楚墓中出土一件璜身光素，左右兩半分別爲簡化龍首的玉璜，（圖版 4-2-15）其中部上端廓外則有一似山字形的凸飾，其上加穿一孔供繫繩，〔註 276〕或見有下端出廓似兩個相向鳥首狀的凸飾。（圖版 4-2-16）層疊式玉璜則是將弧形玉片鏤雕成上下層疊的兩個龍首璜，（圖版 4-2-17）這種玉璜見於湖南臨澧九里戰國晚期楚墓，傳世玉器中亦可見。〔註 277〕此種多變化，樣式特殊的楚式風格玉璜，表現出楚人才藝設計，大膽創新的藝術風格。

〔註 276〕武漢市考古隊等，〈武漢市漢陽縣熊家嶺楚墓〉，刊《考古》，1988 年 12 期，頁 107，圖 10：15。

〔註 277〕楊建芳，〈楚式玉器特點〉，刊楊建芳師生古玉研究會編著，《玉文化論叢》（1），頁 110～111。

圖版 4-2-15 戰國中期玉璜	圖版 4-2-16 戰國中晚期玉璜	圖版 4-2-17 戰國玉璜

楚式玉雕中的異形玉璜

資料來源：楊建芳師生古玉研究會編著，《玉文化論叢》（1），頁 146
～147，圖版 47、49、55。

曾侯乙墓中出土玉璜有 49 件，大多成對，計有 16 對以及單件 17 件。大部分出自墓主內棺，墓主腰部以上放置有九對以及四個單件；腰部以下則置有四對和六單件。陪葬棺及槨室中亦出土部分玉璜，相較於墓主內棺出土較大、製作精細的上等玉作，陪葬棺中則較小且較為粗糙。璜的大小不一，共出土五種：穀紋、雲紋、金縷、透雕、素面。〔註 278〕其中金縷玉璜（圖版 4-2-18）甚為特殊，出於墓主內棺，玉質呈青白色，僅一端局部略帶有醬黃。器呈半璧形，由三道金絲連接大小兩件玉璜組成。器身較窄亦薄，三道金絲平行穿連兩璜相對應的三對小孔，全器共有 16 個鑽孔。兩面雕刻有雲紋，器的中部及中部上、下邊緣，陰刻有斜線。此件金縷玉璜應為目前所知最早的金縷玉器，西漢中山靖王劉勝的金縷玉衣製作方法同此，或即源於此。〔註 279〕從此件金縷玉璜中，除了創新的製作出此華麗富貴的玉器，充分表達了楚人不凡的創造力外，更顯而易見的是，展現了曾國當時頗為富裕的經濟力量，象徵金玉不匱的富足財力。

〔註 278〕湖北省博物館，《曾侯乙墓》，頁 409。
〔註 279〕湖北省文物考古研究所，《戰國地下樂宮——湖北隨縣曾侯乙墓》，頁 175，
　　　　圖 60。

圖版 4-2-18　金縷玉璜（戰國早期曾侯乙墓）

資料來源：湖北省博物館，《曾侯乙墓》（下），圖版 155，圖 4。

（五）半眉龍紋

　　春秋戰國時期，龍紋上的眉毛，大多是完整造型，眉毛左右相互對稱。楚式玉雕中則可見異類，如左右不一，呈橫置「S」形，或後半段缺少，僅有前半段，如表 4-2-2。此種不對稱的表現，目前僅見於楚式玉雕中，主要流行於春秋中晚期。

表 4-2-2　東周區域龍眉示意圖

	眉 毛 樣 式	附 註
中原玉雕		造型完整 左右相同對稱
楚式玉雕		半眉 橫置 S 形 左右不一

資料來源：葉蕙蘭，《漢代玉器的楚式遺風——楚式玉器的「紋」、「型」特徵分析》，頁 66。

　　淅川下寺楚墓中出土的一件玉牙，牙體上刻有一列二個的龍紋。橢圓龍眼前為鉤狀半眉，眼後為龍角，尖端朝下。（圖版 4-2-19）同墓出土的管形玉玦，龍眼前亦有鉤狀半眉。如同曾侯乙墓中出土的長方玉飾片，（圖版 4-2-20）其龍紋半眉，與淅川下寺楚墓中出土的管形玉玦頗為相似，另外在平糧臺楚

墓中出土的長方玉飾片，亦雷同此法。〔註280〕

圖版 4-2-19　春秋中後期玉牙線圖

資料來源：楊建芳師生古玉研究會編著，《玉文化論叢》（1），
頁 159，圖版 173、177。

圖版 4-2-20　戰國早期長方形玉飾片

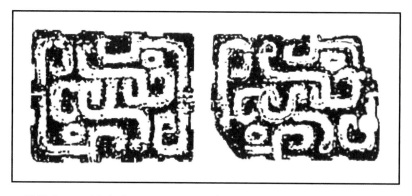

資料來源：楊建芳師生古玉研究會編著，《玉文化論叢》（1），
頁 159，圖版 173、177。

　　曾墓中出土的玉飾片共有 21 件，除一件出在陪葬棺外，其餘皆出自墓
主內棺，主要分布在墓主上半身。〔註281〕這些玉片均爲長方形或相近於長

〔註280〕楊建芳，〈楚式玉器特點〉，刊楊建芳師生古玉研究會編著，《玉文化論叢》（1），
　　　　頁 122～123，圖 173-180。
〔註281〕湖北省博物館，《曾侯乙墓》，頁 427。

方，且上刻有小穿孔，主要遍置於墓主上半身，除了出於陪葬棺的一件外，僅兩件出自墓主腳下。因此，其用途可能是作爲墓主的「面幕」及衣服上的綴玉，經學者研究認爲，這種綴玉服飾到了漢初則發展成玉衣。〔註282〕墓主頭部的「面幕」，極可能爲「瞑目」。「瞑目」是因身分等級而使用的器物也有所不同，如出土大量絲綢的江陵馬山一號楚墓，在此墓的「瞑目」則爲絲綢所製作。而曾侯乙墓中用玉器所製的「瞑目」，可顯見曾侯乙的地位較之爲高，故可用珍貴的玉片製成。〔註283〕

　　金縷玉璜的製作方式以及散置在墓主上身的服飾綴玉，皆可能爲漢代玉衣發展的前身，從此也可看出，儘管曾國被滅，又歷經秦朝的改朝換代，然而其中文化並未消失，仍隨著歷史繼續傳承演化，尤對漢玉影響甚遠。

　　墓中還出土些許殘損玉器、樸料、碎玉料等，〔註284〕此批隨葬的半成品玉器，大部分爲墓主臨死前後加工製作的，其中一部分爲墓主生前用過的禮玉器，另一部分則爲墓主死後趕製的葬玉及佩玉件。除了將琢製完成的玉器隨葬入土，亦將剩下的角料、殘品都裝進墓主棺中作爲護屍之物，不難得知玉器隨葬對於貴族的葬俗，具有極大的功能與內涵。〔註285〕

（六）楚式玉龍珮

　　楚式玉雕的特點除表現在紋飾上外，造型亦有其獨特之處，今列舉述例在曾墓中所件獨特造型的楚式玉龍珮，分述如下：

1、鉤形玉龍珮

　　即狀如C字形的玉龍珮，此造型在西周時期十分常見，但到了東周時期，則僅見於楚式玉雕中。此種鉤形玉珮，在東周時期也有極大的改變，無論造型、紋飾都迥異於西周。如在曾侯乙墓中出土的四件鉤狀圓雕玉龍珮，都是方嘴卷角，額部有紋飾，其中一件尾部雙叉，且有卷爪。〔註286〕（圖版4-2-21）

〔註282〕中國社會科學院考古研究所編輯，《滿城漢墓發掘報告》，（北京：文物出版社，1980年出版），頁346。及夏鼐，〈漢代的玉器——漢代玉器中傳統的延續和變化〉，刊《考古學報》，1983年2期，頁125～143。

〔註283〕郭德維，《藏滿瑰寶的地宮——曾侯乙墓綜覽》，（北京：文物出版社，1991年2月初版），頁141～142。

〔註284〕湖北省博物館，《曾侯乙墓》，頁428～430。

〔註285〕黃敬剛，《曾侯乙墓禮樂制度研究》，頁232。

〔註286〕楊建芳，〈楚式玉龍珮——楚式玉雕系列之一〉（下），刊楊建芳，《中國古玉研究論文集》，（下），頁40～41。

卷角、雙叉尾爲楚式的鉤形玉龍佩一特徵，另外如紋飾出廓及絢索狀、蠹結狀龍身等，皆爲楚式鉤形玉龍珮相異前期之特點。

圖版 4-2-21　玉龍珮（戰國早期曾侯乙墓）

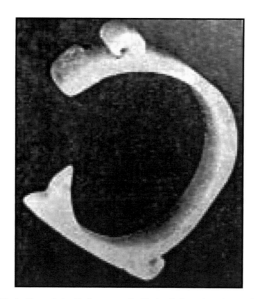

資料來源：楊建芳，《中國古玉研究論文集》，（下），頁 41，圖 89。

2、雙龍玉珮

雙龍玉珮的造型，爲豎置並立、橫置並連、交叉相疊或母子龍等不同形式。曾侯乙墓中出土一雙龍玉珮，（圖版 4-2-22）出土於墓主內棺，玉質爲青白色，略帶醬黃色雜質。爲兩個 S 形龍，豎置背向並列的造型。兩龍口中含有小龍，龍頭近似圓形，身呈鉤狀，飾有細密的平行弧線。〔註287〕兩龍的頭及尾分別有一橫檔相連接，整體似鏤雕牌飾。龍身雕刻榖紋，察其形制，應爲佩戴的飾物。〔註288〕

〔註287〕楊建芳先生，〈楚式玉龍珮——楚式玉雕系列之一〉（下），刊楊建芳，《中國古玉研究論文集》（下），頁 46。然亦有學者釋其龍口爲吐舌狀，將長舌陰刻成蛇形。參考湖北省文物考古研究所，《戰國地下樂宮——湖北隨縣曾侯乙墓》，頁 177，圖 69。

〔註288〕亦有學者認爲此玉珮爲雙鳥拱形佩，透雕出的兩背向鳳鳥，站立、頭部向下彎曲。此器出土於曾侯乙墓內棺第三層器物群中，從器物分佈圖中可知其夾在玉環、玉璧、玉璜、玉帶鉤中間，判斷此件玉器應爲一套組玉佩中的一個重要構件。參考古方主編，《中國古玉器圖典》，頁 196～197。及楊伯達主編，《中國玉器全集》（上），頁 275，圖 180。

圖版 4-2-22　玉雙龍珮（戰國早期曾侯乙墓）

資料來源：楊伯達主編，《中國玉器全集》（上），頁 275，圖 180。

圖版 4-2-22.1　玉雙龍珮拓（本戰國早期）

資料來源：楊建芳師生古玉研究會編著，《玉文化論叢》（1），
　　　　　頁 46，圖版 106A。

　　另外，曾墓內另有出土橫置相連式的雙龍玉珮，玉料呈黃色，半透明，器表有光澤。透雕兩個 S 形龍橫置，尾部或頭頸部接觸，呈相連狀。（圖版4-2-23）此件玉器，龍身遍飾陰刻紋樣，有雙鉤 S 紋、卷雲紋、三角形網紋及簡化絢紋，整體紋飾十分繁縟。兩龍身體相接之處，雕有變形的饕餮紋。龍首朝下，張口圓目，曲身卷尾，龍口內還有細密的陰線雕琢。整體而言，造型奇特，刻畫工藝細緻。從雙鉤陰刻 S 紋有反向斜刀的雕工而言，此玉龍珮的年代可能較曾侯乙墓稍早，應為春秋戰國之際。〔註289〕

圖版 4-2-23　玉雙龍珮線圖（戰國早期曾侯乙墓）

資料來源：楊建芳，《中國古玉研究論文集》（下），頁 47，圖版 111A。

　　從曾侯乙墓中所出土的玉器而言，無論是琢有龍紋，抑或是雕成龍形的器物，皆和商周時期嚴謹固定的風格，迥然不同，有明顯的改變和突破。誠如楊伯達先生所指出，春秋戰國時期，為玉器發展歷程中的嬗變期。〔註290〕除了鐵器的廣泛應用、和闐玉大量進入中原等技術和資源影響外，處在動盪不安的時代環境下，所激發的社會風氣，因應而生所表現出的大膽創新、強烈的生命力等，種種因素成就了戰國時期獨特的藝術風格。

　　不規則的輪廓、不對稱的造型，活靈活現的雕飾，栩栩如生的動感造型，體現了楚式特有的地方色彩。位居南方的楚地，器物風格多纖細柔美，然展現在玉龍珮上，亦表達出偉麗作風，成為楚式之風格。例如楚龍常將身、首、尾、足相連成一器，並多呈扁平狹長狀，不如其他地區的玉龍多為伸展，是

〔註289〕楊建芳，〈楚式玉龍佩——楚式玉雕系列之一〉（下），刊楊建芳，《中國古玉研究論文集》（下），頁 47。
〔註290〕楊伯達，〈中國古代玉器發展歷程〉（下），刊《古玉考》，頁 22～36。

楚式玉龍不同於他處的一特徵表現。〔註291〕玉器上所琢刻的龍紋,隨著時代環境的不同而有相異的發展,此不單僅是古人生活方式和審美情趣的演變,也反映出不同歷史時期、地理環境的藝術特色。從曾墓中的玉龍形珮而言,已不似從前圓潤柔美之風格,而是寓動於靜,口中含小龍、攀璧而上等動態風格。除了因應時代而有所改變,也融入了地方的專屬色彩。時代風格帶動大膽創新,精湛的工藝生成細緻紋飾,使得曾國的玉器文化在歷史上佔有一重要地位。

二、鳳紋及其演變

　　楚人尊龍崇鳳的特性,自然地反映在其所創造的器物上。除了上述玉器上龍紋的表現外,鳳鳥亦在楚之美術世界中佔有極重要的位置。〔註292〕出現頻繁且造型多變活潑的鳳鳥紋飾表現在各器物上,極具特色。如楚地獨有的漆器:足踏虎身、展翅欲飛的虎座飛鳥,或是昂首站立、氣宇非凡的虎座鳥架鼓等等,且不論是偉岸英武的站立著,或是雍容華貴的盤坐在地,儘管展現方式不同,但都顯現出鳳鳥在楚地中佔有的高貴地位,亦表露出楚人崇鳳愛鳳之心。因此,在楚式玉雕中明顯可見為數不少,且細緻雕琢的鳳鳥造型玉作。

　　楚人對鳳鳥的喜愛其來有自,係因楚人視鳳鳥為他們的祖先,然而除了楚民族外,古代先民大都相信鳥為宇宙世間的主宰,可以往來天地之間,知曉神意,或許是因為鳥類具有大多數動物都沒有的飛行能力。且對於翱翔天際、兇猛銳利的老鷹,更有崇敬之心,並將他們賦予崇高神聖的意涵。

　　因此,在許多古文明中,都以鳥為原始的崇拜信仰。〔註293〕如古埃及、希臘,將他們對於鷹類猛禽的崇拜描繪在藝術創作中,〔註294〕或是華東沿海地區的夷人,也深信他們的始祖與鳥有著極為親密的關係。時至今日,許

〔註291〕俞美霞,《戰國玉器研究》,頁132。

〔註292〕楚文化中顯而可見對鳳鳥的推崇,將鳳鳥視為他們的代表圖騰之一,詳見本文三章一節。

〔註293〕鄧淑蘋,〈遺珍集錦——(三)鳥紋及鳥與龍組合花紋的古玉〉,刊《國立故宮文物月刊》,民國79年10月,頁80。

〔註294〕對於猛禽的崇拜,是一種古老而帶有世界性的習俗,不單出現在中國獨有的玉文化上,亦表現在世界各國的文化遺存中。參閱劉敦愿,〈試論中國古代的鷹崇拜〉,刊《國立故宮文物月刊》,民國81年10月,頁110～112。

多地區民族仍然保有著對鳥類的尊敬。而玉器上所表現的鳥紋，形象多樣，大略有鷹、梟、鳳鳥等，三種特徵皆不同，如表 4-2-3 鷹、梟、鳳之特徵所示。

表 4-2-3　鷹、梟、鳳之特徵所示

鷹　鳥	梟　鳥	鳳　鳥
山東地區的神鳥，主要以鷹為造型，常以向上衝飛的造型出現。	特徵為勾喙、短頸、突胸、粗腿等。紅山文化已出現，多見於商晚期。	自然界中並無此種生物，造型類似孔雀，長尾、勾喙、羽毛。
山東龍山文化 玉圭上花紋線繪圖 國立故宮博物院藏	商晚期　玉梟 婦好墓 大英博物館藏	戰國時期　玉鳳 洛陽金村 哈佛大學福格美術館藏

資料來源：鄧淑蘋，〈遺珍集錦——（三）鳥紋及鳥與龍組合花紋的古玉〉，頁 81，圖 40；頁 83，圖 44b；頁 84，圖 50。

其中，玉鳳的造型早見於新石器時代的河姆渡文化，在中原玉雕中也極為常見，此係因周族亦崇鳳。然時至東周，卻漸式微至罕見。可不同的是，儘管中原已漸趨少有鳳鳥造型，但在楚地，仍經常出現以鳳鳥為主題的楚式文物，舉凡青銅器、玉器、絲織品、漆器等，不勝枚舉。〔註 295〕曾墓中更是多處可見，以玉器為例，臚列如下：

〔註 295〕楊建芳，〈楚式玉器的特點〉，刊楊建芳師生古玉研究會編著，《玉文化論叢》（1），頁 114。

（一）裝飾鳳首

在裝飾上以鳳首爲飾由來已久，但爲數不多，大多數線刻玉鳳鳥全形，即使是龍鳳合雕玉器也多呈整體現象，較少單獨採鳳首爲飾。如在楚地相當流行的合體象生玉飾，即將兩種不同動物雕琢在同件玉器上，合而爲一，如鳳首龍。鳳首龍在楚地所出不少，以湖北當陽李家窪子戰國早期前段楚墓出土的一件玉璧爲例，廓外即雕有一 W 形的鳳首龍。〔註296〕（圖版4-2-24）

圖版 4-2-24　玉璧局部（戰國早期湖北當陽李家挖子楚墓）

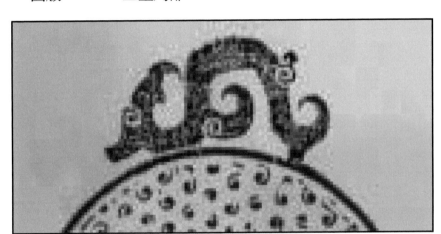

資料來源：湖北省宜昌地區博物館，《當陽趙家湖楚墓》，
〔註297〕頁 152，圖 111，4-5。

楚地內經常可見鳳首龍的合體飾樣，除了表現在玉器紋飾上，曾侯乙墓中出土的馬冑上所繪有的漆畫圖案亦可見鳳首龍之樣式。〔註298〕（圖版4-2-25）

〔註296〕楊建芳，〈楚式玉器的特點〉，刊楊建芳師生古玉研究會編著，《玉文化論叢》（1），頁 106。

〔註297〕湖北省宜昌地區博物館等，《當陽趙家湖楚墓》，（北京：文物出版社，1992年）

〔註298〕曾侯乙墓中出土的兵器完整，數量多且保存良好，從竹簡的記載以及發掘出的質量而言，可知曾國的兵力、財力均有一定水準。軍隊的強盛與經濟基礎密切相關，曾墓中所出土製造精銳的青銅兵器，以及圖版 4-3-2 馬冑上的精細彩繪，足可反映出曾國當時政治軍事情況。參考黃敬剛，《曾侯乙墓禮樂制度研究》，頁 127～132。

圖版 4-2-25　馬胄上之鳳首龍

資料來源：湖北省博物館，《曾侯乙墓》，頁 383，圖 212。

　　除了鳳首龍之外，另有龍與魚的合體雕刻。河南淅川下寺出土一件玉龍，尾部呈魚尾狀。〔註 299〕或如湖南長沙戰國中期楚墓中出土的異形玉帶鉤，其上刻有兩背向的鳳首魚身造型奇特之物。〔註 300〕這樣怪異的組合，在楚地經常可見，此類複合型器物，反映出楚地巫風之盛。乍看之下匪夷所思，超乎想像，但實為將信仰寄託在器物上，希望這樣的複合型器物可以達到雙重神力，是楚人原始信仰及崇拜下的遺留之物，也是楚人充滿想像浪漫的藝術表現。〔註 301〕

　　如前所述，春秋之後，鳳首為飾在中原地區甚為少見，而至戰國時期，則流行於楚地。戰國中晚期，楚國青銅器、漆器圖案都可見鳳首紋，玉器上也成為楚式玉雕別於其他族屬玉器的一項特色。曾墓中出土的玉劍，完整，出自墓主腰腹間。此玉劍首，與一般所見不同的是，它呈扁平體，刻作小型玉佩狀。透雕成 W 形同體雙龍，兩面陰刻出龍的眼、鱗甲、爪等細部。（圖版 4-2-26）龍首向下回卷，圓口、張目，頸下凸飾二鳳首。拱背下內側又緊附一對凸出鳳鳥，全形為變形鳳，而鳳首特凸出，圓眼、垂喙，高冠作 U 形連接，上飾有細密陰線絢索紋及菱形細線的網紋，〔註 302〕此為楚式玉器中較早出現的鳳首裝飾。〔註 303〕整件玉器以鏤空雕琢，龍鳳交錯，造型生動，

〔註 299〕河南省文物研究所等，《淅川下寺春秋楚墓》，頁 198，圖 71：3。
〔註 300〕湖南省博物館等，《長沙楚墓》，頁 327，圖 267：6。
〔註 301〕參考本文第三章第二節。
〔註 302〕楊伯達，《中國玉器全集（上）》，頁 272，圖 172。
〔註 303〕鳳首和鳥首若無身尾，則較不易區別。在葉蕙蘭，《漢代玉器的楚式遺風——

作工細緻。此鳳首與龍一同出現，似附加於玉龍上，作爲輔助裝飾作用。
〔註304〕使得此玉劍首更爲華麗精細，活潑生動。

圖版 4-2-26　玉劍首（戰國早期曾侯乙墓）

資料來源：楊建芳師生古玉研究會編著，《玉文化論叢》（1），
頁 163，圖 210。

　　曾侯乙墓中的玉具劍十分珍貴，因大部分出土所見，多數散亂分離，對
於各部位的稱謂，也無統一，且難窺於全貌。然此件玉具劍出土完整，呈青

楚式玉器的「紋」、「型」特徵分析》中，將楚式玉雕中以鳳首（鳥首）爲飾
的分爲二種：其一爲小圓圈形眼，少數無眼，嘴喙垂間向內彎勾，勾吻厚短，
或加陰線示意唇線，又或以簡化絢紋、網文表喙。少數無冠飾，此型略似鳥
首，但若有冠飾，當可視爲鳳首。另一則爲小圓圈眼，嘴喙向下彎勾，甚至
尖垂連胸，冠長而上揚或作尖錐狀，或斜切角度使冠、喙、頸略呈三角形，
鳳頸或以陰線中分爲二，此種應爲鳳首。曾墓中玉劍首上之鳳鳥，飾有誇張
的冠，故應視爲鳳首。參考該書頁 73～74。

〔註304〕在鄧淑蘋〈遺珍集錦——（三）鳥紋及鳥與龍組合花紋的古玉〉中論述：龍
與鳳雕琢在同件器物上，至遲出現在商晚期。在此時期，龍站在鳳鳥上方。
到了西周時期，則上下顛倒，成鳳鳥站在龍頭上方。東周則呈龍鳳搭配出現，
排列無定制。刊《故宮文物月刊》，民國 79 年 10 月，頁 80～91。及吳凡先
生則在〈古玉同體紋飾的演變〉中，在細分東周時期春秋和戰國的不同。前
期爲寄生同體，圖案較複雜，在主體動物造型上，飾以許多如同附體的小動
物紋飾，形成寄生方式的同體關係。而至戰國時期，則成共身同體，共用身
軀式的同體，身軀不交纏，也不另作組合。刊《故宮文物月刊》，民國 80 年
6 月，頁 38～45。

白色，是一把帶鞘的劍，有首、莖、格、璏、鞘、珌等分為五節，各節用金屬連接，兩節交接處，皆有相對應的孔，再以金屬嵌進孔內，金屬表面貼以紡織品，不能活動折卷。〔註305〕（圖版 4-2-27）玉劍的作用並非用來防身，是身分地位的象徵。戰國時代「以玉比德」的意義下，以玉劍彰顯自己的修養。再加上玉可辟邪、可護屍的觀念雙重影響之下，此玉飾劍不僅顯示出墓主的尊貴華麗，亦具有吉祥美好的象徵。玉劍飾是到漢代才發展成熟，戰國時期的玉劍飾出土並不多，式樣也不固定，然楚地貴族多愛配劍，除曾墓中出土此一完整玉具劍外，楚地他處也可見其他樣式的玉劍首，〔註306〕反映出當時楚之貴族喜愛配劍及崇尚以玉比德的社會風尚

圖版 4-2-27　玉劍組圖

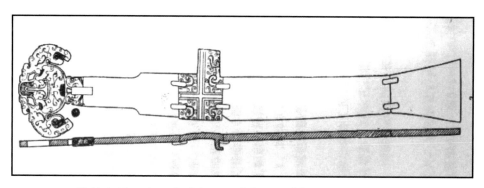

資料來源：湖北省博物館，《曾侯乙墓》，頁 419，圖 3。

（二）簡化鳳紋

楊建芳先生在〈楚式玉器的特點〉中指出，楚式玉器雖以龍紋為主，但有些特殊紋樣是罕見，或可說是不見於中原，成為楚式玉器中的特殊紋樣。文中指陳如像是反向層疊圓首尖鈎紋、〔註307〕三連穀紋〔註308〕以及 S 紋

〔註305〕湖北省博物館，《曾侯乙墓》，頁 421。
〔註306〕湖南長沙戰國中期楚墓，出土一件刻有三個簡化鳳及網紋的玉劍首。荊州楚地也出土數件穀紋玉劍首等等。參考湖南省博物館等，《長沙楚墓》，頁 324，圖 266：1-2，及荊州博物館，《荊州楚玉——湖北荊州出土戰國時期楚國玉器》，（北京：文物出版社，2012 年 10 月），頁 166～172，圖 125、127、128。
〔註307〕層疊圓首尖鈎紋係在圓首或尖鈎或二者加填網紋的作法，戰國晚期始出現，見於安徽長豐楊公楚墓玉璧，及湖南臨澧九里戰國楚墓的層疊式龍首玉珩。參考楊建芳，〈楚式玉器的特點〉，刊楊建芳師生古玉研究會編著，《玉文化論叢》（1），頁 123，圖 55、181。

等。S 紋最早應出現於淅川徐家嶺春秋晚期至戰國初期楚墓玉珩和玉環，
〔註309〕此種紋飾應來自春秋晚期龍頭分解後，其 S 形相連的上、下顎保留
下來，成為單獨的紋樣，而流行在春秋末和戰國時期。有雙鈎陰刻和單線陰
刻兩種。在曾墓中出土的雙龍玉珮上，即可見雙鈎陰刻的 S 紋。和 S 紋甚為
相像卻略有不同的即 S 形簡化鳳紋，S 形簡化鳳紋不同之處，在於其多陰刻
有雙曲線鳥冠，是 S 紋所沒有的。曾墓中的雙龍珮上即可見 S 形簡化鳳紋。
（圖版 4-2-28）

圖版 4-2-28　雙龍珮局部（戰國早期曾侯乙墓）

資料來源：楊建芳，《中國古玉研究論文集》（下），頁 47，圖
版 111A。

楚式玉雕中所流行的簡化鳳紋有四種，除了 S 形，另有雙 S 斜疊形、
三角形和勾連 T 字形。首先曾墓中可見的雙 S 斜疊形，係由大小 S 紋斜疊
組成，最早出現於湖北襄樊真武山春秋晚期楚墓隨葬的細把陶豆豆盤上，至

〔註308〕飾有三連穀紋的玉器，多出現於戰國晚期至西漢早期，罕見於中原各國，多
　　　　飾於龍身。如安徽長豐楊公楚墓的龍首玉珩、玉連體雙龍佩。此一紋飾經研
　　　　究指出極可能為一種簡化鳳紋。參考楊建芳，〈楚式玉龍佩（上）〉，刊《中國
　　　　古玉研究論集》（下），頁 41；楊建芳，〈楚式玉器的特點〉，刊楊建芳師生古
　　　　玉研究會編著，《玉文化論叢》（1），頁 124，圖 81、84，及廖泱修，《從雙鳳
　　　　紋到柿蒂紋》，刊《故宮文物月刊》261 期，頁 70。
〔註309〕楊建芳，〈楚式玉器的特點〉，刊楊建芳師生古玉研究會編著，《玉文化論叢》
　　　　（1），頁 156，圖 143、146。

戰國中晚期流行於銅器和玉器領域上。〔註310〕斜疊雙S紋中，大S爲鳳首和身尾，小S則爲兩翼，是鳳紋的抽象化。其依據，主要來自對楚國漆器圖案的觀察。

在曾墓中的玉劍首上，琢成回首拱背的同體雙龍。龍頸上可見有斜疊的大小S紋。龍身左右內側分別陰刻一小鳳，龍背有長方格形網紋，小鳳尾端連接一外凸鳳首。（圖版4-2-29）此斜疊雙S紋，是迄今所見將此種紋飾雕於玉器上較早的一個例子。另見美國芝加哥美術研究所所藏的玉龍佩，（圖版4-2-30）呈鉤狀，龍身由一縱長弧線一分爲二，外側一半飾有斜疊雙S紋和簡化花葉形紋，尾部加飾一綹毛紋，皆爲楚式玉雕的表現特徵。

圖版 4-2-29　玉劍首局部　　　　圖版 4-2-30　玉龍珮〔註311〕

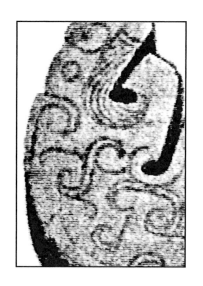 

另外，三角形和勾連T字形簡化鳳紋，皆在戰國晚期較爲流行。湖南長沙戰國晚期楚墓中，出土一件玉劍珌，（圖版4-2-31）梯形，橫斷面作梭形，底部爲兩個單線陰刻的背向鳳紋。

〔註310〕湖北省文物考古研究所等，〈湖北襄樊眞武山周代遺址〉，刊《考古學集刊》第九輯，頁150，圖13：12-13，及楊建芳，〈楚式玉龍佩（上）〉，刊《中國古玉研究論集》（下），頁25，圖40。
〔註311〕傅忠謨，《古玉精英》，（香港：中華書局，1989年），頁93，圖60，右下。

圖版 4-2-31　玉劍珌（右爲勾連同體鳳紋示意圖）

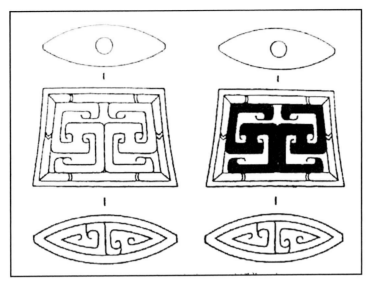

資料來源：湖南省博物館，《長沙楚墓》，頁 327，圖 267：3-4。

　　上列數樣簡化鳳紋，在楚器中甚爲流行，卻罕見於中原，從此反映出楚人崇鳳的觀念。鳳紋式樣不單常出現於楚地的漆器、青銅器上，也以不同型式姿態表現在玉雕中。曾侯乙墓長久受楚文化影響，故在玉器美術上，也經常可見深得楚人推崇的鳳鳥紋飾。綜上所述，曾墓玉雕中造型多變生動的玉龍珮，或是各種不同變化的鳳紋飾樣，亦或是兩相結合的特殊造型，除了展現出曾玉設計之精巧，更顯現出迥異於中原玉器的風格特色，表現出曾國所具有的獨特風采。

第三節　文化內涵

　　中國用玉歷史源遠流長，隨著社會時空的不同需要，賦予玉石各異的性質和價值。而在歷史因素下，禮樂制度逐步瓦解的同時，社會經濟大變革，隨之而來的是學術思想的大放異彩，諸子百家爭鳴齊放，儒家學派以玉的特質屬性，賦予道德學說，使得玉器的價值在先民的思想意識昇華，從而漸趨於人格化、道德化的取向。〔註312〕據資料顯示，東周以降，玉文化繼因應

〔註312〕盧兆蔭，《玉振金聲──玉器‧金銀器考古學研究》（北京：科學出版社，2007年 7 月），頁 127。

階級而具等級區別的禮制化，因歷史因素使然，將玉石的特質，注入了德性的訴求，進而產生具有重要意義的玉德學說，主張「君子比德於玉」，使佩玉用玉的理念，趨向於儒家學派的道德化，在這樣的基礎下，漸脫離了原始宗教的神格化，進一步將玉器本作祭祀天神的神器，轉變成以人為本的特性。〔註313〕這樣的改變，對中國玉文化的影響深遠。

一、比德比富文化的影響

回顧《禮記・玉藻》：「古之君子必佩玉」，〔註314〕反映出貴族階層，盛行戴玉，是為身份的象徵。又《詩經》詩云：「白茅純束，有女如玉」、〔註315〕「言念君子，溫其如玉」，〔註316〕這類以玉比人的詩句，即是指人的品性道德，如玉般的純潔美好。因此，「比德於玉」的思想，在東周以前已見萌芽，在這樣的基礎下，依著玉石所固有的礦物質地加以分類，再融合生活中的是非善惡等社會觀念，附以人格化的分析解釋，將之應用作為評價或判斷生活行為的準則。如《禮記・聘義》中所載：

> 子貢問於孔子曰：「敢問君子貴玉而賤碈者，何也？為玉之寡而碈之多與？」子曰：「非為碈之多故賤之也，玉之寡而貴之也，夫昔者君子比德於玉焉。溫潤而澤，仁也；縝密以栗，知也；廉而不劌，義也；垂之如隊，禮也；叩之其聲，清越以長，其終詘然，樂也；瑕不揜瑜，瑜不揜瑕，忠也；孚尹旁達，信也；氣如白虹，天也；精神見於山川，地也；圭璋特達，德也；天下莫不貴者，道也。詩云『言念君子，溫其如玉』故君子貴之也。」〔註317〕

孔子依據玉石可見的物理屬性，將仁、義、禮、知、信、樂、忠、天、地、德、道等十一種倫理道德的蘊涵，附加其上，如表4-3-1：

〔註313〕黃師建淳，〈試析春秋戰國貴玉賤珉的玉文化〉，刊淡江史學編輯委員會，《淡江史學》，第24期，頁1～2。
〔註314〕〔清〕阮元校刊，《十三經注疏附校刊記》，下冊，頁1482。
〔註315〕〔清〕阮元校刊，《十三經注疏附校刊記》，上冊，頁293。
〔註316〕〔清〕阮元校刊，《十三經注疏附校刊記》，上冊，頁370。
〔註317〕〔清〕阮元校刊，《十三經注疏附校刊記》，下冊，頁1694。

表 4-3-1　玉德對應玉石屬性考察略表

序／玉德	玉 德 的 蘊 涵	玉 石 屬 性 的 考 察
仁	溫潤而澤，仁也。	質地溫潤，光澤柔和，象徵仁心和諧與博愛。
知	縝密以栗，知也。	質料結構縝密不紊，理序列嚴謹，寓如智識審慎之德。
義	廉而不劌，義也。	玉料硬度之高低，相關於玉表呈現的紋脈，自外可知其內的虛實。
禮	垂之如隊，禮也。	玉石密度高而質重，佩掛垂墜用以節步，顯示禮儀態度與舉止風範。
樂	叩之其聲，清越以長，其終詘然，樂也。	玉材性韌結實，叩聲沉穩舒暢，博以遠聞，如叩心絃。
忠	瑕不揜瑜，瑜不揜瑕，忠也。	玉質上的斑點瑕疵和美麗的光華，互不彌蓋或掩飾，顯現出忠誠不二的本質。
信	孚尹旁達，信也。	玉彩色澤四溢流露，毫不隱晦，寓為內在所有，一如外表所見，即人之誠信。
天	氣如白虹，天也。	玉為自然礦物，乃天之造化以成，所具氣質即如天際白虹，寓為不可逆的神聖。
地	精神見於山川，地也。	玉石藏於地礦，與山川同聚浩然正氣，寓為精神永在與價值永恆。
德	珪璋特達，德也。	珪璋向為國之重器而維綱紀，以玉石比為珪璋，具有崇高之美德。
道	天下莫不貴者，道也。	玉石蘊涵以上諸德，與其同德即君子之道，故君子比德於玉者，人人敬重。

資料來源：黃建淳，〈試析春秋戰國貴玉賤珉的玉文化〉，頁 8，表一。

除此，管子亦論列玉有九德：

> 夫玉之所貴者，九德出焉，夫玉溫潤以澤，仁也。鄰以理者，知也。堅而不蹙，義也。廉而不劌，行也。鮮而不垢，潔也。折而不撓，勇也。瑕適皆見，精也。茂華光澤，並通而不相陵，容也。叩之，其音清摶徹遠，純而不殺，辭也。是以人主貴之，藏以為寶，剖以為符瑞，九德出焉。〔註318〕

荀子亦言，玉有七德：

> 夫玉者，君子比德焉。溫潤而澤，仁也。栗而理，智也。堅剛而不

〔註318〕《管子‧水地》，刊李勉，《管子今註今譯》（臺北：臺灣商務印書館，1990年 9 月二版），第三十九篇，頁 676。

屈，義也。廉而不劌，行也。折而不撓，勇也。瑕適並見，情也。

扣之，其聲清揚而遠聞，其止輟然，辭也。故雖有珉之雕雕，不若

玉之章章。〔註319〕

儒家學派的玉德說，除了孔子所言的十一德、管子論列的九德、荀子言之的

七德，另有西漢劉向的「六美說」，及東漢許慎《說文・玉部》所載有的「五

德說」。〔註320〕從「六美說」可見在東周時期玉德說的內涵著重部份在於玉

的質地，而非外觀美，然至漢代則更進一步提及玉的外觀，認爲德和美是不

可分割的，因而有「六美」之說，對玉的認識更爲全面。

　　儒家學派繼承古人崇玉、愛玉的傳統，把對玉的認知昇華至道德層面，

賦予德性，創立了玉德學說。將其儒家中心思想，和玉文化相結合，成爲中

國傳統文化的特色之一。孔子藉由貴玉賤珉的解析，使玉德有了具體的發展，

儘管在東漢之後，玉德觀念漸趨淡化，但是「君子必佩玉」的觀念，已根深

蒂固的烙印在中國玉文化的美術裡。〔註321〕貴族墓中，常有出土各型組玉珮，

足見一斑，如表 4-3-2 周代至唐代各型組玉珮所示。

〔註319〕〔戰國〕荀況，王天海校釋，《荀子校釋》（下），法行篇，頁1137～1138。

〔註320〕見於西漢劉向的《說苑》，「六美說」省去《荀子》「七德」中的「辭」，將其
　　　　內容移置「義」德，將「義」德的內容與「勇」德合併，雖名稱與荀子所言
　　　　略有差異，但内容大致相同。「五德說」所言的内容亦大致相同，只名稱上略
　　　　有改變，如將「六美說」中的「情」德，和「智」德相併，改稱爲「義」德
　　　　等。參考盧兆陰，〈玉德學說初探〉，刊《玉振金聲——玉器・金銀器考古學
　　　　研究》，頁129～130。

〔註321〕東漢末年因長年戰亂，佩玉形制一度失傳，之後才又重新設置佩玉。因而魏
　　　　晉以後的玉珮，出現了新的形制。隋唐以後，玉器的發展又進入了一個新的
　　　　歷史階段，但佩玉制度在封建貴族中，仍然存在。參考盧兆陰，《玉振金聲—
　　　　—玉器・金銀器考古學研究》，頁130～131。

表 4-3-2　周代至唐代各型組玉珮

1	2	3	4
西周早期 晉侯墓地	西周晚期 晉侯墓地	西周晚期 晉侯墓地	春秋早期 許國墓地

5	6	7	8
西周晚期 晉侯墓地	西周晚期 晉侯墓地	戰國洛陽 中州路	戰國 魯國

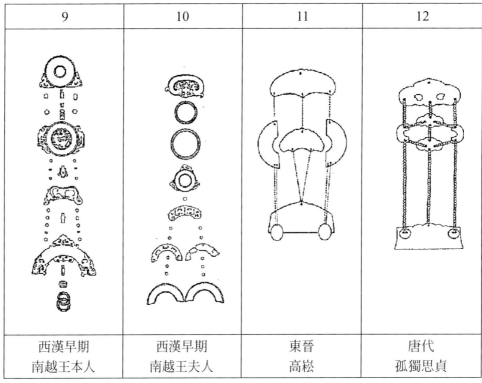

9	10	11	12
西漢早期 南越王本人	西漢早期 南越王夫人	東晉 高崧	唐代 孤獨思貞

資料來源：鄧淑蘋主編，《敬天格物──中國歷代玉器導讀》，（臺北：國立故宮博
　　　　　物院，民國 102 年 2 月），頁 82，表二。

　　此一特殊的傳統價值，在東周時期更被廣爲推崇，故春秋戰國時期的王
室貴族莫不重玉，諸侯封國、朝聘會盟、祭祖事神、冠弁服飾、喪逝殮葬，
都可見對於玉的廣泛使用程度，再加上工藝技術的成熟進步，各種爭奇鬥
豔、生動傳神、精美奪目的藝術精品，更爲常見。從曾侯乙墓中出土的玉器
共 528 件，﹝註 322﹞大多出自墓主棺內，散落在墓主身旁，可以得知曾侯乙
生前對玉器極爲重視和喜愛。（圖版 4-3-1）墓主身上配戴之玉飾物，一般都
有穿孔，且大多爲成組串綴，多散佈在墓主從頭到腳，概分左右兩排或數排，
自上而下的排列。﹝註 323﹞

﹝註 322﹞湖北省博物館編，《曾侯乙墓》，頁 401。
﹝註 323﹞同前註。

圖版 4-3-1　曾侯乙墓玉器分布圖

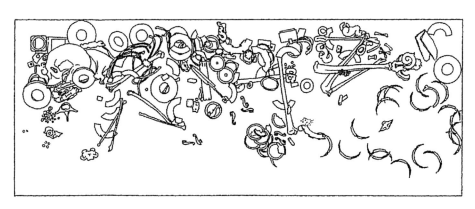

資料來源：孫慶偉，《戰國玉器》，頁 19，圖 14。

　　除了上述兩節所列舉的玉器外，曾墓中還有多件雕琢精細，造型創新的珍貴藝術品，無不彰顯出崇高的玉德與身份。今就其所代表的功能，區分為生前用玉及葬玉兩大類，略舉犖犖大者分述如下：

二、生前用玉與巫風

（一）玉帶鉤

　　曾侯乙墓中出土的帶鉤有二十件左右，質地有金、玉、銅三種，銅帶鉤有九件，大部份出自於陪葬棺。〔註324〕較為珍貴的玉帶鉤、金帶鉤多數出自曾侯乙主棺的內棺，散落在墓主身旁。玉帶鉤總共七件，除一件放置在主棺東室內，其餘皆在墓主胸腹旁。器物保存完整，形似鵝首，長形頸，琢呈扁狀，有五件為素面，餘兩件雕刻有卷雲紋、方形網紋及圓圈網紋。（圖版 4-3-2）玉質為青玉，造型奇特，顯現出高雅的藝術風格。

　　另有四件金帶鉤，（圖版 4-3-3）亦保存完整。帶鉤是用於扣接束腰革帶及別在腰帶上的懸掛囊物、裝飾品的掛鉤，一頭有鉤，一頭有鈕，用於連接腰帶的兩端，多為貴族、文人武士所用。戰國時期，帶鉤出土的量相較於前時代大增，即因戰國時期服裝的改變，人們普遍穿著深衣，腰間繫有外露的革帶，（圖版 4-3-4）因此對於帶鉤的製作更為精緻。〔註325〕最常見的為銅製，

〔註324〕湖北省博物館編，《曾侯乙墓》，頁 400，表 48。

〔註325〕孫慶偉，《戰國玉器》中提及：長期以來，學術界把戰國帶鉤數量大增的原因

其次為玉製，〔註326〕金製則較不常見，之後還出現嵌琉璃、綠松石等更富裝飾效果。

圖版 4-3-2　玉帶鉤（曾侯乙墓）

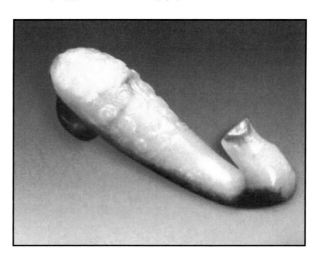

資料來源：古方，《中國古玉器圖典》，頁 216。

圖版 4-3-6　金帶鉤（曾侯乙墓）

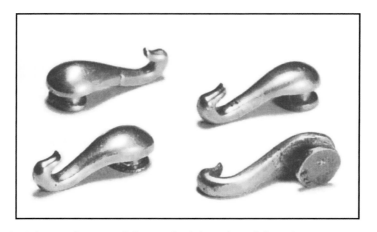

資料來源：黃敬剛，《曾侯乙墓禮樂制度研究》，頁 134，圖 28。

歸結於戰國中趙武靈王「胡服騎射」政策的推行。但在春秋時期中原便有帶鉤的出現，因此對於戰國時期這項改變，應為服飾變化所影響的結果。參考孫慶偉，《戰國玉器》，頁 32。

〔註326〕那志良，〈梳與帶鉤〉，刊《故宮文物月刊》，（臺北：國立故宮博物院，民國76年4月）頁 137。

圖版 4-3-4　深衣和施鉤之帶

資料來源：孫慶偉，《戰國玉器研究》，頁 32，圖 63。

因此，從曾墓中所出土的金製器皿以及九件玉帶鉤，加上四件金帶鉤，可看出雖僅爲衣物上的一個小配件，就有多達十幾個俾以交替換用，姑不論是金製或是玉製，都是價值昂貴，製作精細的珍品，反映出曾侯乙日常生活中的奢華景象，對於服飾外表的佩飾如此講究要求，除了表現崇高玉德的世風外，亦顯示了曾國富庶而可觀的財力。

（二）四節龍鳳玉珮

　　四節龍鳳玉珮出自墓主腹部，器體呈白色扁平狀，由一塊玉料透雕四節而成，中間一環爲可活動折卷，上、下兩環則不能自由折卷。〔註327〕就所知，這樣多節一體的玉珮實屬罕見。然此種頗具難度的製玉技術，在商代晚期，江西省新干縣大洋洲商墓出土的玉羽人，便出現類似技法。〔註328〕曾墓此件龍鳳玉珮，雕琢細緻精巧，也因此可看出曾國製玉技術的精巧不凡，甚至可說是超越同時代的他國。全器由四節和三個橢圓形環組成。上、中、下環共結合成一龍，上環爲龍首，中環爲龍背，下環爲龍腹，第四節的穿孔部位似

〔註327〕湖北省博物館編，《曾侯乙墓》，頁 417。

〔註328〕參閱黃師建淳，〈一件漢代玉卮的考察〉，刊淡江史學編輯委員會，《淡江史學》，第 26 期。及古方主編，《中國出土玉器全集》，第 9 冊，江西，（北京：科學出版社，2005 年 10 月），頁 5。

爲龍尾。器物各節上的龍、鳳，分列左右，並相對稱，佈局嚴謹。〔註329〕

　　第一節爲相對視的雙鳳；第二節爲兩隻較大卷龍，龍首相互交錯，兩龍尾部上皆雕琢一小虺龍，末端各接有一鳳；第三節爲較小的兩卷龍，屈首相背；第四節爲首部相對的小雙卷龍，兩龍首相接處，有一個對鑽的小穿孔。器兩面細緻的琢刻出龍、鳳的細部，包括眼、角、冠、嘴、爪，以及細微的鱗甲和羽毛，鳳尾、龍首、龍足等局部加飾有平行斜線紋。（圖版4-3-5）全器共計有七條龍，四隻鳳，以及四隻小虺龍。紋飾線條細如髮絲的雕琢出細微之處，第二節處每一同體龍鳳上又琢有兩小虺龍，形體細小，足可知整件器物雕工之精緻巧妙，實屬當時代少見的玉雕精品。

圖版4-3-5　四節龍鳳玉佩線圖（戰國早期曾侯乙墓）

資料來源：俞美霞，《戰國玉器研究》，頁149，圖73。

〔註329〕同上註。

　　另外，值得一提的是，雕琢在龍鳳身上的小虺龍，頭上無角，腹下無足，狀似小蛇。據馬承源先生研究所言：在古代神話中，龍蛇為同屬，雖然從實際上而言，蛇可能是會毒害到人類的惡物，但在古代神話中，蛇本是作為善義的。如《詩・小雅・斯干》：「吉夢維何，維熊維羆，維虺維蛇。大人佔之，維熊維羆，男子之祥，維虺維蛇，女子之祥。」〔註330〕虺蛇在此來說，是代表吉祥美好的。在《山海經・海內經》：「有神焉，人首蛇身，長如轅，左右有首，衣紫衣，冠旃冠，名曰延維。」郭璞注：委蛇。〔註331〕「延維」即「維延」的倒文，是「委蛇」的聲轉字。委蛇的「委」即虺或「虺」的聲轉。因虺蛇是長形的，所以後來凡是長形圓身的動物都可叫做委蛇。如泥鰍，形狀近乎小蛇，亦可稱作委蛇。〔註332〕南方炎熱潮溼，草木茂盛，虺蛇的滋生尤多，類似泥鰍、蚯蚓等小蛇應為十分常見，因此在楚墓中常可見類似小蛇的此種「虺龍」紋，應是受南方土著影響所致。〔註333〕這些居住在南方沿海地區的先民，都有著崇敬小蛇的現象。〔註334〕四節龍鳳珮上所見琢刻在龍鳳身上的小虺龍，筆者以為，此係楚民族和南方土著文化相互融合的表現。再者，在此時期多數龍、鳳玉珮上皆無雕琢細鱗，然在這四節龍鳳玉珮上，龍、鳳身上皆刻有栩栩如生的鱗片，類此特別手法，惟長江中、下游青銅器中偶而可見，〔註335〕故得悉其受南方文化影響之一斑。

（三）十六節龍鳳玉珮

　　十六節龍鳳玉掛飾，呈青白色，出土時為卷折狀放置於墓主下顎，器呈長帶形，共分十六節。據顧鐵符先生研究指出，此玉珮就擺放位置看來，未

〔註330〕〔清〕阮元校刊，《十三經注疏附校刊記》，上冊，頁437。

〔註331〕袁珂校譯，《山海經校譯》，頁299。

〔註332〕馬承源，《中國青銅器研究》（上海：上海古籍出版社，2002年12月），頁375～376。

〔註333〕楚人移居南方之後，繼承和發展了揚越的稻魚經濟，文化上也不同程度染有越文化色彩，例如越人對於蛇的崇拜，除了反映在楚器物上，也表現在楚人的文學中，如《楚辭》〈招魂〉等篇內。參考楊權喜，〈試論揚越對楚文明的貢獻〉，刊彭適凡主編，《百越民族研究》（江西教育出版社，1990年），頁116～117。及劉玉堂，《試論楚文化對越文化的吸收》，刊彭適凡主編，《百越民族研究》，頁284～285。

〔註334〕楊建芳，〈雲雷紋的起源、演變與傳播——兼論中國古代南方的蛇崇拜〉，刊《文物》，2012年3期，頁37。

〔註335〕林巳奈夫，〈關於長江中下游青銅器的若干問題〉，刊馬承源主編，《吳越地區青銅器研究論文集》（香港：兩木出版社，1997年），頁111。

必是衣襟上的裝飾，極為可能是帽子下的附件，即為玉纓。纓的位置和現代所結的帽帶相比較為向前，係在下頜的前端。在戰國到漢代出土的帛畫、壁畫中皆可見「纓」的使用。〔註 336〕

　　此玉掛飾，各節的大小不一，一般作一小節與一大節相間串連。第一節頂端，橫穿一對鑽小孔。器物整體即一龍，第一節便是龍首。〔註 337〕掛飾由五塊玉料雕成，各有數個活環和固定環相連的飾件組合而成。五塊玉料分別雕成後，再由三塊另外玉料製作的開口活環和一個玉銷釘連綴成一器。〔註 338〕五塊玉料各自分雕成：第一塊玉料分雕成一、二節；第二塊分雕成三至六節；第三塊分雕成七和八節；第四塊玉料分雕成九至十一節；最後一塊玉雕分雕成十二到十六節。其中第二塊和第三塊中間相連的非橢圓形素面活環，而是玉銷釘。〔註 339〕活環上有缺口，缺口兩端分岔，納入一個「十」字形飾件，作為榫接套合，再於缺口兩端的一側，各鑽一不穿透的小孔，插入一顆銅銷釘固定。（圖版 4-3-6）整個過程需要準確的計算，每塊玉料的體積、外形、厚度，都需要經過計算規劃，才能將此掛飾串連而成且可卷折收放，靈巧自如。

圖版 4-3-6　左：兩片最初的重合　右：開口活環分解圖〔註 340〕

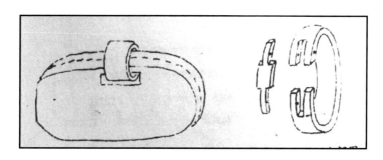

〔註 336〕《韓詩外傳》：「楚莊王賜其群臣酒……（王）力出令曰：『與寡人飲，不絕纓者，不為樂也。』」此處所指的「絕纓」，係指飲酒中歡樂大笑，因為大笑而張大口，以致把帽子的纓都拉斷之意。從此可知，能因大笑而將帽纓繃斷，古人戴纓的位置，應和現代人所結的帽帶不同。參閱顧鐵符，〈隨縣戰國墓幾件文物器名商榷〉，刊《中國文物》，（北京：文物出版社，1980 年 3 月，第 2 期），頁 28～29。
〔註 337〕湖北省博物館，《曾侯乙墓》，頁 419。
〔註 338〕鄭小萍，〈曾侯乙墓出土「十六節龍鳳玉掛飾」製作工藝探索〉，刊《江漢考古》，200 年第 3 期，頁 72。
〔註 339〕湖北省博物館，《曾侯乙墓》，頁 420。
〔註 340〕鄭小萍，〈曾侯乙墓出土「十六節龍鳳玉掛飾」製作工藝探索〉，刊《江漢考古》，200 年第 3 期，頁 74，圖 2、3。

　　除了整體設計之外，玉珮上滿佈的動物雕飾更顯其工藝非凡，共計有龍
37 條，鳳鳥 7 隻，蛇 10 條。形象千姿百態，活潑生動，其中在第十四節和
第十五節上，還琢刻出鳳爪抓蛇，神奇而生動，栩栩如生的姿態，整體造型
活靈活現。器物兩面皆琢有紋飾，基本相同，但仍各有小差異。如第二節中
的璧，一面滿飾穀紋，另一面卻僅局部雕有穀紋，其餘素面；或是第五、第
六節，一面有三線「十」字形紋，而另一面則無此紋等等，其它則大致相同。
整器採取分雕、透雕、平雕、陰刻等雕琢技術，組合成長條蛇狀。滿佈的動
物紋飾外，另精雕細琢了穀紋、雲紋、斜線紋等紋飾。〔註 341〕器表幾無空
白，體現出楚式玉器華麗精美的審美取向。（圖版 4-3-7）

　　無論如何，曾墓所出的四節及十六節華麗的龍鳳珮玉雕，堪為戰國玉器
的傑作之一，其所耗工藝及良玉，實難以估算其高昂的價值，惟經筆者仔細
省思，不難發現，像此類精緻的工藝美術，皆應是當時所盛行「以玉比德」、
「以玉比富」的世風下所造就而成的。

圖版 4-3-7　十六節龍鳳玉掛飾（曾侯乙墓）

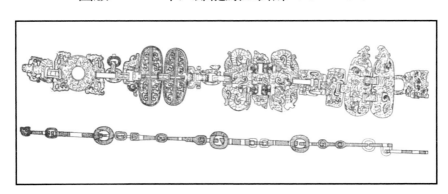

資料來源：湖北省博物館，《曾侯乙墓》，頁 419，圖 250-1。

　　在第十四節及第十五節活靈活現雕琢出的鳳抓蛇紋飾，此類鳳鳥銜蛇或
是鳳鳥踐蛇的主題，極有可能為古代神話遺留下來的痕跡。在《山海經》中
多有關此類口中銜蛇或是雙手操蛇的神靈形象：〔註 342〕如《山海經・海外
東經》：「雨師妾在其北，其為人黑，兩手各操一蛇。」〔註 343〕、《山海經・

〔註 341〕黃敬剛，《曾侯乙墓禮樂制度研究》，頁 224～225。
〔註 342〕吳榮曾，〈戰國、漢代的「操蛇神怪」及有關神話迷信的變異〉，刊《文物》，
　　　　　1989 年第 10 期，頁 46～52。
〔註 343〕袁珂校譯，《山海經校譯》，頁 212。

大荒北經》：「又有神銜蛇、操蛇，其狀虎首人身。」〔註344〕、《山海經・大荒東經》：「東海之渚中，有神，人面犬耳獸身，珥兩青蛇，名曰奢比尸。」等等，〔註345〕可見有關於此種形象在《山海經》中比比皆是，反映出當時神怪形象的一些重要特徵，如此的神怪形象亦出現在中原地區，因此有學者認為，此種神話圖形並非南方楚地所獨有，而是中原不少地區崇拜鳥文化的歷史遺痕。〔註346〕然而多數學者則認為，北方中原固然可見此種題材，但往往不甚重要，可能僅作為邊飾陪襯等等。反觀楚地，此種題材不僅普遍流行，如在楚墓中出土的銅器、漆木器、刺繡圖案中都可見，且往往鳥大蛇小，反映出楚人崇尚鳳鳥的一文化特徵。〔註347〕再者，此類型的題材，常出現在大型、精緻作品上，如同此件十六節龍鳳珮，可謂曾侯乙墓中最精巧奪目的一件玉作，在其上所雕琢的圖案可視為當時文化精神表現。綜上所述，此類型題材應為楚文化的一特徵表現，是楚人深受傳統巫風影響，及視鳳為先祖的一綜合體現。

三、葬玉與楚文化

　　曾侯乙墓中也發現了不少雕琢精巧的葬玉。所謂「葬玉」，係指專門為保護屍體而製造的陪葬玉器。〔註348〕先民認為玉器具有靈性，有其特殊的功能，覆蓋在屍體上可以達成保護的作用，進而使其不朽。以玉殮葬早有悠久的歷史，〔註349〕在春秋戰國時期，不單生前「玉不去身」，死後更有專用的玉器，希望藉尤玉器所具備的靈性，達到保護屍體或帶領升仙的作

〔註344〕同上註，頁 285。

〔註345〕同上註，頁 247。

〔註346〕參閱吳榮曾，〈戰國、漢代的「操蛇神怪」及有關神話迷信的變異〉，刊《文物》，1989 年第 10 期，頁 50。

〔註347〕參閱劉敦愿，〈試論中國古代的鷹崇拜〉，刊《國立故宮文物月刊》，民國 81 年 10 月，頁 125。

〔註348〕夏鼐，〈漢代的玉器——漢代玉器中傳統的延續和變化〉，刊《考古學報》，1983 年 2 期，頁 133。

〔註349〕距今七千年前的河姆渡文化，六千年前的大汶口文化，五千年前的良渚文化、紅山文化，及四千年前的齊家文化，隨葬玉器比比皆是。遼西地區牛河梁遺址的紅山文化中有一特點，為只葬玉器，基本上除了玉器其他則不陪葬，即唯玉為葬。可見遠在遠古時期，玉殮葬便已存在。參考張玉、李國安，〈中國古代玉殮葬現象研究〉，刊徐州博物館，《徐州工程學院學報》(社會科學版)，(江蘇：徐州工程學院，2002 年 12 月)，頁 35。

用。《抱朴子》：「金玉在九竅，則死人爲不朽。」〔註350〕即表達出葬玉的企求和目的，葬玉的主要種類有：玉衣、玉握、口唅、九竅塞和玉枕等，在曾墓中所發現的葬玉若干，值得一述：

（一）玉　握

玉握，顧名思義即爲握在死者手中的玉器，早在商幕已見出土。如在湖北江陵馬山戰國時期的一號墓主中，墓主雙手握有長條狀絹團，左手中指套入繫住絹團的絲帶中。湖南長沙馬王堆一號墓的墓主則雙手握有香囊。但在中原地方出土的墓中，則少見握有絲織物，多以玉石爲握的情形較爲普遍。

在曾侯乙左右兩手中，即握有精緻的玉握。爲灰白色，通體拋光，呈圓柱形，兩端平齊，上端略小於下端。玉握上、下兩端各飾有陰刻的雲紋，並間飾陰刻弦紋和斜線紋，兩器的大小相同。（圖版4-3-8）雙手握有玉握，亦帶有權柄天下之涵義。在《禮記・王制》中曰：「宗廟之牛角握。」〔註351〕《釋名・釋喪制》：「握，以物著屍手中，使握之也。」〔註352〕即希望死者在死後的另一世界中，對其所有的一器一物，仍可掌握。〔註353〕

圖版4-3-8　玉握（曾侯乙墓）

資料來源：古方，《中國古玉器圖典》，頁215。

〔註350〕王明，《抱朴子內篇校釋》，（北京：中華書局出版，1985年3月2版），頁51。
〔註351〕〔清〕阮元校刊，《十三經注疏附校勘記》，上冊，頁1337。
〔註352〕（東漢）劉熙，《釋名・釋喪制》，叢書集初編，（北京：商務印書館，1939年），頁132。
〔註353〕黃敬剛，《曾侯乙墓禮樂制度研究》，頁230。

（二）口　琀

口琀又稱作飯琀，放置在死者口中。《說文·玉部》：「琀，送死口中玉也，從玉，從含。」〔註354〕古人相信人死後靈魂不滅，而嘴巴是五臟六腑與外界聯繫的主要途徑，所以古人非常重視在死者口中置放玉石，希望死者在另一世界也可如生前般豐衣足食。春秋時期，從墓中發現口琀的情況已十分廣泛，形狀也豐富多樣。但至戰國，已漸趨消失。〔註355〕然曾侯乙墓中所出土的玉琀，卻是為數多又精細，小而生動，（圖版 4-3-9）其義非凡。

墓中出土的玉琀，共 21 件，出自墓主的口腔和顱腔內。玉色青白，通體拋光，圓雕而成。形象逼真，皆為家禽之類的動物，與人類生活有密切的關係。這些口琀都十分小巧精緻，最大的約小黃豆的大小，最小如綠豆般大，〔註356〕然體積雖小，但雕琢之工卻不馬虎，如表 4-3-3 所示。

圖版 4-3-9　玉琀（曾侯乙墓）

資料來源：黃敬剛，《曾侯乙墓禮樂制度》，頁 230，圖 54。

表 4-3-3　玉　琀

	件　數	均　體　大　小	特　　　　色
玉牛	6 件	寬 0.5、高 0.8 釐米	翹首，頭上有對彎角，嘴微張，四足分開直立，挺胸收腹（僅一件凸腹），腰脊微凸。角有三件向前彎曲，另三件向後彎曲，有的帶有尾巴。

〔註354〕〔漢〕許慎，《說文解字》，中華書局 1963 年影印本，頁 13。
〔註355〕孫慶偉，《戰國玉器》，頁 34。
〔註356〕郭立新，〈東周玉器的分期〉，刊《中原文物》，1998 年 3 期，頁 56。

玉羊	4件	長 1.2～1.5、 寬 0.25～0.4、 高 0.6～0.8 釐米	昂首，頭上有雙豎角，其中一件缺左角，嘴微張，四足分開直立，挺胸收腹，臀部略高，無尾。
玉豬	3件	長 1.4、 寬 0.2、 高 1 釐米	大小相次，昂首翹嘴，軀體窄而長，腹部下垂，無尾。較大一件的雙耳向後豎，頸背陰刻出鬃毛，腰脊下凹，四足分開，作前傾狀站立。小件的無鬃毛，前後足未分開，亦為前傾站立。
玉狗	2件	長 1.5～1.6、 寬 0.35～0.5、 高 1～1.1 釐米	昂首張嘴，雙豎耳，挺胸收腹，弓背，臀高於肩，四足分開，為後傾狀站立，前雙足微內屈，無尾，狗作吠狀。頸部一件略長，軀略窄；另一件頸部略短，體較壯。
玉鴨	3件	長 1.4～1.7、 寬 0.6～0.65、 高 0.5～0.9 釐米	均作動態，長頸扁嘴，嘴微張，翅、尾陰刻出羽毛，雙足分開直立。其中兩件引頸翹首，尾向下傾斜；另一件引頸平身，頭、身、尾呈一平線。
玉魚	3件	長 2.1～2.4、 寬 0.6、 高 0.1 釐米	以小缺口分別表示嘴和鰭，其中嘴和上鰭各為一小缺口，下鰭為兩個小缺口，尾不分叉。魚身中厚而邊緣薄，雕法簡煉。

資料來源：湖北省博物館編，《曾侯乙墓》，頁 426～427。

這些圓雕小動物，傳神生動，玉牛顯現出碩壯有力之態；玉羊彷若咩嘶鳴叫的樣子；玉狗豎耳挺胸似作溫馴忠實的形象；玉鴨俯首看似活潑覓食、生機有趣。〔註357〕整體呈現出靈巧的動態，栩栩如生，更富含長生不滅，六畜豐昌之意，冀期墓主人能如生前一般，享受著豐厚的生活，充分地表達出以玉比富的身份地位。

另外，值得一提的是，出土在墓主嘴旁的一玉石。（圖版 4-3-10）側視似「V」形，俯視則為中間大，兩頭尖的橄欖形。長 10.8、中寬 4.1、中厚 1.3、孔徑 0.3～0.4 釐米。玉器尖端各有一對鑽小穿孔。經研究推測原本應是將兩小穿孔各繫組帶，以內凹面蓋於嘴上。部份學者稱此件為「玉口塞」〔註358〕然考量其大小其用法，筆者以為此件應屬「瞑目」。

〔註357〕郭德維，〈曾侯乙墓的玉器〉，刊《收藏家》，2001 年 12 月，頁 31。
〔註358〕湖北省博物館，《曾侯乙墓》，頁 427～428，圖 251。

圖版 4-3-10　墓主嘴旁玉石（曾侯乙墓）

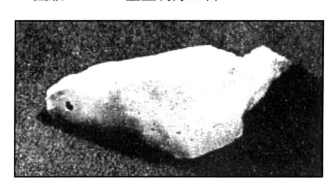

資料來源：湖北省博物館,《曾侯乙墓》,圖版 161：2,及頁
428,圖 251。

圖版 4-3-10.1　側視、俯視圖

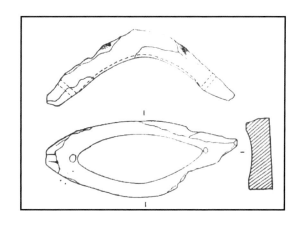

資料來源：湖北省博物館,《曾侯乙墓》,圖版 161：2,及頁
428,圖 251。

（三）玉飾片

　　曾墓出土的玉飾片共有 21 件,（表 4-3-4）除一件出在陪葬棺外,其餘
皆出自墓主內棺,主要分布在墓主上半身。〔註 359〕這些玉片均為長方形或
相近於長方,且每片上皆刻有四個或兩個小穿孔,（如表 4-3-4 圖示）製作較
為粗糙,主要遍置於墓主上半身。此外,其中一件出於陪葬棺,另兩件出自
墓主腳下。固然分佈散亂,但其用途可能是作為墓主的「面幕」及衣服上的

〔註359〕湖北省博物館,《曾侯乙墓》,頁 427。

綴玉，曾侯乙的地位之高，毋庸置疑。〔註360〕

表4-3-4　玉片的形制，分為三式

	件數	尺寸（釐米）	擺放位置	特　　點	圖　　示
一式	6件	長 3.3～3.5、寬 2.5～2.6、厚約 0.1	墓主腰腹及其兩側。	長方形，單面陰刻雲紋，另一面平素無光。	
二式A	2件	長 5.8～6.2、寬 4.5～5.2、厚 0.3～0.5	墓主頭頂、胸部。	近似長方形，中間較厚，兩邊較薄。	
二式B	8件	長 3.5～4.5、寬 2.6～3.8、厚 0.3～0.4	墓主上身，分左右兩排放置。	近似長方形，兩面不平，殘留割痕，邊緣下稍經打磨。成雙成對出現。	
二式C	2件	長 6.2～6.3、寬 3.6～3.8、厚 0.3	墓主胸部。	近似三角形，似屬一對。兩面光滑，邊緣未經打磨。	
三式	3件	長 3.4～3.8、寬 1.8～2、厚 0.4	墓主腳下右側。	素面，長方形，兩面拋光，邊緣打磨。	

資料來源：湖北省博物館，《曾侯乙墓》，頁 427～428。

　　「瞑目」製作的意義，即希望死者可以安心的渡往另一個世界，蓋其眼、耳使墓主不再聽見、看見任何陽間的事，以免受其牽絆。〔註361〕上半身的服飾綴玉則是當時人們以為，人死後靈魂便會離開人體四處遊走，故在覆蓋玉衣時，會舉行招魂儀式，將靈魂招回，再蓋上玉衣。〔註362〕至後期更進一步

〔註360〕郭德維，《藏滿瑰寶的地宮——曾侯乙墓綜覽》，（北京：文物出版社，1991
　　　　年 2 月初版），頁 141～142。

〔註361〕曾侯乙墓中放置頭部的玉片，據研究應為「瞑目」前身，發展至漢代而有玉
　　　　九竅塞。遮蓋死者身體上九竅孔的九件玉器，目的在防止精氣溢出。參考夏
　　　　鼐，〈漢代的玉器——漢代玉器中傳統的延續和變化〉，刊《考古學報》，1983
　　　　年 2 期，頁 135。

〔註362〕郭德維，《藏滿瑰寶的地宮——曾侯乙墓綜覽》，頁 142。

相信玉衣可以防止屍體腐爛，而使製作更加完整。（圖版 4-3-11）此外，又發現金縷玉璜散置在墓主上身作服飾的綴玉，皆可能爲漢代玉衣發展的前身，從此也可看出，曾侯乙以玉比富的不凡身份。

發展至漢代完整的瞑目及玉衣：

圖版 4-3-11　滿城一號墓出土玉衣結構

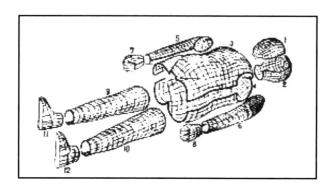

圖版 4-3-11.1　滿城一號墓出土玉七竅塞

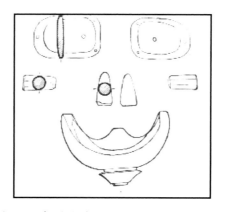

資料來源：中國社會科學考古研究所編輯，《漢城漢墓發掘報告》，頁 139、348，圖 97、277。

在這些豐富的出土文物中，充分展現了當時「以玉比德」、「以玉比富」的社會思想。曾侯乙墓多樣化的玉器，從配戴的裝飾物品及具有實用意義，諸如帶鉤之類的隨葬品，莫不雕琢精緻。連葬玉的玉握亦琢有紋飾，小如豆的口琀也將細節雕刻的逼眞生動，除了表現出古人「事死如事生」的生活態度外，也顯現出從「以玉比德」的君子，昇華成「以玉比富」的高貴，正如曾侯乙墓中富麗華貴的金器一般。

四、曾玉的影響

　　以曾墓玉器而言，所具的特點是構思新穎、造型別緻、華麗繁縟、精美生動，作品中更顯見高水準的工藝技術，如曾墓中的十六節龍鳳玉珮，精確計算的活環連接，鏤空的靈活表現，再加上栩栩如生的細緻刻畫，呈現生動傳神的藝術形象。相比之下，稱霸北方的秦國，工藝技術則略顯簡單，然並不代表其藝術水平和創作能力較低，此係各地區不同的時代背景，再加上相異的民族所具各自的審美取向而產生的結果。

　　相較下，中原地區出土的玉器數量在東周時期最多，包括有晉、韓、趙、魏、燕、齊、魯及中山國等。中原玉器不若秦式玉器般的線條簡潔，也不似楚式玉器的複雜繁縟，顯得較為沉穩莊嚴。以玉龍呈現的姿態而言，中原玉龍多見為中規中矩，而楚式玉龍則經常以動態表現，較為生動。玉器邊飾上，中原玉雕通常邊緣平素無飾且器面空白處較多，而楚式玉器則多有裝飾，器形表面幾乎沒有空白。整體感覺下，中原玉器顯得較為樸實，佈局較為工整。以晉國為例，玉器上的裝飾紋樣雖與南方吳國相似，但相較於吳國表現的細密纖巧，晉國玉器則遒勁有力，帶有北方民族的豪放性格。

　　除此之外，在曾侯乙墓中另見一玉人，（圖版 4-3-12）為連體背臉的圓雕雙人，線條簡單，臉部刻有眉毛、眼睛，深著長裙，雕有手但無足，也沒有鼻、口，頭頂中心直穿一小孔相通，相較於同時代其他地區，[註363] 整體雕工略微粗糙。如戰國中期出土於中山國的玉人，（圖版 4-3-13）是以寫實手法雕刻，將五官、頭上梳的髮髻，或是衣服上的紋飾都清晰可見。曾墓出土的玉人則雕琢簡單，兩面臉部稍有不同，其一面眼部周圍塗黑，另一面則無。[註364] 功能不明，有學者指陳此玉人和殷墟婦好墓所見有兩面雕刻男女裸體像玉人相類似，可能與古代男女覡巫的形象有關。[註365] 如同十六節龍鳳玉珮上，鳳鳥操蛇的神話圖樣，此類題材的遺留，皆表現出楚文化中，巫神頗盛的思想意識，也顯見曾侯乙墓在楚國境內深受其影響的文化體現。

[註363] 中山國的玉人雕琢較為精細，曾墓中則簡單許多，應是各地區玉人的功用不同所致。另見同位於楚地的湖北荊州出土的玉人，亦雕琢簡略，僅雕有頭、肩，著一長裙，參考（圖版 4-3-14）。

[註364] 湖北省博物館，《曾侯乙墓》，頁 421。

[註365] 高至喜主編，《楚文物圖典》，頁 399。

圖版 4-3-12　玉人（戰國早期曾侯乙墓）

資料來源：湖北省博物館，《曾侯乙墓》，圖版 159。

圖版 4-3-12.1　玉人（戰國湖北荊州）

資料來源：荊州博物館編，《荊州楚玉》，頁 183，圖 142。

圖版 4-3-13　玉人（戰國中期中山國）

資料來源：楊伯達，《中國玉器全集》（上），頁 291，圖版 229。

由此可見中山國的玉器也頗富特色，中山國爲北方民族白狄建立的國家，散居在夷夏之間，帶有游牧民族強悍勁健的風格，玉器風格較爲寫實。不同於楚式玉器中可見的玉人（圖版 4-3-12）多只雕出眼、眉，樣式簡單。

綜上所述，可知在春秋戰國時期，各地因著地域性的差別，及各國民族背景、風土民情的差距，而有了不同特點的文化表現。位於南方的吳國、越國玉器亦各具特色且相互影響。楚人因著特殊的文化背景和地理環境，發展到戰國時期，也創造出其獨有的楚式玉器，在整個東周玉器中佔有極重要的地位。

楚式玉器主要出土的大墓，除了本文所述的湖北隨縣曾侯乙墓外。另外，如湖北襄陽余崗山春秋楚墓、河南淅川下寺楚墓、湖北江陵戰國楚墓、河南信陽長臺關戰國楚墓、河南淮陽平糧臺戰國楚墓、安徽長豐楊公戰國楚墓等都發掘了大量玉器。其中，河南淅川下寺春秋楚墓中出土大約 1500 件玉器，可爲春秋時期代表，目前首見的出廓玉璧即是從此墓發掘出土。河南省淮陽縣平糧臺玉雙鳥雙獸璧形器、安徽長豐楊公墓中的龍鳳連體玉珮，還有同墓出土不對稱構圖的龍紋玉璜等，都表現出東周時期，楚式玉器題材廣泛、設計創新、佈局活潑等特性。

再者，湖北荊州楚墓、當陽趙家湖楚墓、河南洛陽楚墓等亦出土許多富有特色的楚式玉器。如戰國早期荊州出土的神人乘龍形玉珮，或是戰國中期河南省洛陽市小屯村出土的騎獸人形玉珮等等，顯現出楚式玉器多變創新，又帶有神話色彩的獨特藝術特色。由楚國大墓中所見的大量玉器，不難想見楚人對玉的重視喜愛程度。從春秋早期到戰國晚期，楚人的治玉水平，由效仿中原玉器開始，到後來發展出自身特點，從設計構思到工藝技術，都在玉器史上佔有一席之地。更從楚文化的核心分佈，如湖北、湖南、安徽、河北、河南等，就像放射狀般擴散影響至江蘇、浙江、山東等地。因此可知，曾侯乙墓的位置，正是楚文化核心的要津之地。

揆諸劉漢王朝上自開國君臣，下至漢軍武將，大多出身於荊楚地區，漢承楚緒之巫風習俗，使漢室宮廷瀰漫著崇奉仙道符讖之風，漢代的葬玉更具有濃厚的神仙思想。以徐州楚王墓群而言，即留有鮮明的楚文化遺痕。徐州乃戰國後期楚國故地，亦是漢高祖的故鄉。以徐州獅子山楚王墓爲例，200 多件玉器中，玉璧、玉龍珮出土極多，當中穀紋龍形珮，器作單體 S 形捲曲，即爲楚式玉龍的特殊造型。其他如戈、鉞、卮等，皆可見楚紋飾

的運用手法。或如安徽省巢湖市出土西漢玉巵上的朱雀，其飄逸的長冠，可知楚式玉器的特徵已由傳統器形的運用上，延伸發展至漢代的新穎器種。位於廣東省的南越王墓，其墓中的楚玉特色更是明顯豐富。一如曾侯乙墓玉器中常見的絢索紋，南越王墓中的不少玉器，皆可見此紋飾。其他如串貝紋、網紋、花朵形紋、三連穀紋等，亦如出一轍，足見影響廣被之一斑。正洽如曾侯乙墓熠熠生輝的各式玉器，蘊含著多采多姿的民族文化，既萬古流芳，更歷久彌新，此亦本文研究所獲的重要啓迪。

第五章　結　論

　　中華民族幅員廣大，不但佔地遼闊，南北文化更因地形環境等種種關係，相去甚遠，也正因如此，造就各地不同的文化特色及藝術表現。春秋戰國時期，稱霸江淮一方的楚國，有廣爲人知的文學創作楚辭，以及獨樹一幟的精神文化，將其風俗、信仰、審美情趣、精湛工藝，透過物質文明，展現另一種古史。生動華美的漆器、繁紋複縟的青銅器、細緻描繪的帛畫，和絢麗耀眼的玉器等，透過這些滿載有楚人信仰、人文精神的物質文化，得以進一步探討楚國特有的風土民情。其中，楚人所創造的玉雕作品不論題材或是設計，都深具特色。然此種帶有地域色彩的創作設計，非楚獨有，各地民族皆因本身社會背景的差異、地域環境的不同，而有相異的審美觀，不等的工藝水平，從而造就各地方的特色之美。

　　本文所探討的曾侯乙墓，從墓中出土的青銅器上多見有「曾侯乙」三字，說明曾侯乙應爲墓主。此人於史無徵，但從墓的規模宏大，且出土文物豐富講究，如九鼎八簋、大型編鐘等，可想見墓主非諸侯國君莫屬。以文化的傳承關係、歷史淵源及文物特點考察，認爲此墓所表現的是中原商周文化及南方楚文化交融的結果。雖非盡屬楚墓，但受楚文化影響極深，其出土文物更可列爲楚系文物，爰是之故，此文化屬性當爲楚文化系列，因而將此墓列爲「楚系曾墓」。

　　曾侯乙墓的墓室設計、構築，與生前的生活習俗與社會經濟息息相關，受荊楚地理環境影響，又融合長江流域本有的土著文化，及相鄰的蠻夷文化，交匯合流下，形成了獨具風格特色的文化表現。《漢書‧地理志》中記載楚人「信巫鬼、重淫祀。」在其信仰中，帶著古老思維的遺痕。對於日常生活經

驗常與巫術幻化的想像連結在一起，認為萬物有靈，也因著這樣的思維，構成了一個超自然的世界，諸如曾侯乙墓中的青銅鹿角立鶴、怪獸磬座，或是虎座飛鳥等，這些文物藝術裡除了反映出濃厚的尚巫風氣外，也展現了楚文化不受拘束的想像創作。曾侯乙墓主內棺上的彩繪神像，是充分表露楚地琦瑋僑佹的藝術世界另一代表。全棺繪有各種神人、蛇、鳥、龍以及怪獸等圖像，共一千多個，相互糾結纏繞，畫面複雜繁縟。這些變化詭奇的神怪漆畫，表現當時楚地的民間信仰、風俗特色外，更是墓主人希望藉由所繪的神像的力量保護其不受鬼魅干擾，或能引領墓主靈魂升天的一大冀求。另外，曾侯乙墓中出土大量精美的玉器，絕大多數出自於墓主內棺，即在墓主的周身，亦是相信玉器所具有的靈性，可以保護墓主人，甚至可以使其靈魂通天，是致力於死後美好世界的寄託。

曾侯乙墓，雖非盡屬楚墓，但其受楚影響之深，玉器中鮮明可見楚文化的色彩。而曾玉又以設計新穎、精緻奪目的藝術珍品，在楚式玉器中佔有重要地位。本文研究發現，楚玉的特色，並非獨立或封閉的環境條件所形成，而是環顧長江流域相關民族文化的交流下，長期孕育進而造就了玉雕獨特的風格，亦即在中原地區以及周圍民族的文化交互影響，再融合楚人的民族性與信仰崇拜，成就了楚式玉雕的鮮明特色。

此種特色在曾侯乙墓玉器清晰可見。以絢索紋為加飾於玉雕上，抑或飾於器表各種多變化形狀的網紋，及點綴在其他小部位的加飾紋樣等。曾墓玉雕中這些加諸的小巧思，亦即是楚式玉雕表現的特色，楚人崇巫，以美娛神，因此器物中多顯見繁豔華麗的作風，和較為簡單樸素的中原玉器相比，曾墓玉雕多了繁複的邊飾和許多細節的雕琢。刻畫細密，流動的線條帶著靈動感，透過豐富多樣的紋飾，表達出對天地的尊崇。

另外，曾玉中琢有龍紋，抑或是雕成龍形的玉龍珮，皆和商周時期嚴謹固定的風格，迥然不同，具有明顯的改變和突破。不規則的輪廓、不對稱的出廓玉璧，深刻美麗的雕飾，栩栩如生的動感造型等，都是楚文化特有的地方色彩，表達出楚人勇於創新的民族性。除此之外，戰國時期中原玉雕中鳳紋裝飾已少見，然而在曾玉中，玉鳥首珮、玉劍上的垂首鳳紋等頗為常見，表露出受楚之影響的崇鳳之心。而赫赫有名的四節龍鳳玉珮上所飾有的除龍、鳳外，還有南方土著文化中所代表的小虺龍，體現了曾玉除受楚文化影響外，也融合了南方土著的文化精神。

　　儘管曾侯乙墓中出土的玉器可否歸爲楚玉，在學術界引發頗多爭議，但不可否認的事實是，曾國在楚地立邦已久，察其紋飾風格，確具備豐富的楚式特點及濃厚的地域文化風格。綜合而言，春秋戰國時代各國交往頻繁，隨征戰或商貿相互交流，文化與風格也難免交互影響，因而很難明確分割出此彼和伯仲。在眾所交流作用下，終構成了曾侯乙墓多元的文化特性。

　　此種文化交流影響，非肇始於曾國，而是中華文明的一種特質。著名考古學家張光直先生認爲：中國文化從新石器時代進入金屬時代的過程當中，就表現了一種特別的文化理念，即「延續、連續」。反觀之，以蘇美文化爲代表的西方文化，從新石器進入金屬器時代開始，其基本的文化發展則是一種「斷裂」的理念。一如楚文化表現的玉器，可見之良渚文化的原始遺痕，而在漢代玉器中，亦鮮明地承襲楚式遺風。從戰國早期曾侯乙墓中遍置在墓主身上的玉飾片，到漢代發展成完整的玉衣。或若曾墓中雙龍玉珮上初見雛形的花朵形紋，演化至東漢成辟邪神獸尾巴上的花鞭尾。此即人類學領域所言的「文化素材傳承」（transmission of clutural materials）的過程。〔註366〕即是指儘管在不同的時代，材質、形制、工藝等完全不同，但其內在所蘊含的文化信仰，卻是一脈相傳且密不可分。〔註367〕此即張光直教授所云，中國文化之「延續、連續」的理念。

　　中華文化歷史上，佔有獨特地位的玉文化，將玉器自孕育時期開始，便有著深刻的形而上意義，帶著神秘的宗教色彩和濃厚的巫術特質。也由於附有這樣的宗教巫術色彩，先民便將玉器與生死連結，將玉器大量的用於喪葬。所見曾侯乙墓內棺所出土的大量玉器，幾乎遍佈墓主全身。果如東晉《抱朴子》所記：「金玉在九竅，則死人爲之不朽。」但再以另一角度言，曾侯乙墓出現在局勢動盪不安，文化衝擊碰撞之下的大時代，其結果即導致諸子蠭起、百家爭鳴的社會文化變革。特別是在玉文化理論的建構上，孔子延伸

〔註366〕「文化素材傳承」是指文化素材由過去到後來的流傳，即經由「時間」過程的流傳；或從一地到另一地區的流傳，即經由「空間」過程的流傳；或從一個社會群體到另一社會群體的流傳，即經由「社會單位」（social unit）過程的流傳。參閱王雲五主編，《雲五社會科學大辭典》，第十冊，人類學（臺北：臺灣商務印書館，1971年9月），頁35。

〔註367〕黃師建淳在〈漢代辟邪神獸的玉文化〉中指陳，從戰國時期的木鎮墓獸、漆辟邪的風格，演繹到兩漢時代玉辟邪神獸的形象，此即儘管歷經社會文化變遷，然楚文化中的文化素材卻不會因此而消失，仍舊存在於兩漢文化中。刊《淡江史學》，第25期，頁10、26。

了玉器在宗法制度中的作用，賦予玉器以人格化的內涵，提出「貴玉賤珉」的思想，為玉器加上「君子比德於玉」的價值，以玉之美比附道德之美，使佩玉用玉的理念，與儒家的君子修身相聯結，使其在人格化的玉德基礎下，漸漸擺脫了原始宗教的神格化，從而使玉器原為神奉承的特性，演變成為人服務的本質。也從此時，以玉比喻君子，將重視性、仁、愛、義、理的種種道德規範加諸於玉，使玉器演繹成衡量人品的表徵，在玉文化的發展史上，開創新的定位和意涵。

因著這樣的時代潮流，「君子無故，玉不去身」的價值，上層貴族人人佩玉。固然在佩玉的貴族中，不乏品德高尚的仁愛之士，但亦可發現，對於部分貴族來說，以「玉不去身」而使可表彰為「以玉比德」的君子，又可炫耀成「以玉比富」的高貴，或因此反使佩玉精美良多的貴族，卻為一空有其表，而敗絮其中的偽君子。在戰國重視功利的時代風氣中，「以玉比德」反成為僭越禮制的「以玉比富」。僅是位於楚國附庸下的小小曾國，墓內精美華麗的玉器、富貴堂皇的金器，以及雖小但卻雕琢細緻的琉璃珠等小型裝飾品，共出土多達六百餘件，可見除了因應時代風潮而興的「以玉比德」下，更彰顯了斯時「以玉比富」的炫耀之風。綜上所述種種，曾墓中的玉器基本上已脫離了莊嚴肅穆的風格，而向形制活潑、實用的方向發展，除顯露出時代特徵外，亦為深具楚風的漢玉，奠下了文化豐碩而多彩多姿的基礎，亦是本文研究的重要心得。

徵引書目

一、文　獻

1. 〔春秋〕管子，李勉譯，《管子今註今譯》，臺北：臺灣商務印書館，1990 年 9 月二版。

2. 〔春秋〕左丘明傳，〔晉〕杜預注，〔唐〕孔穎達正義，《春秋左傳正義》，收入李學勤主編，浦衛忠等整理：《十三經注疏整理本》，臺北：臺灣古籍出版有限公司，2002 年 1 月初版二刷。

3. 〔戰國〕呂不韋著，陳奇猷校注，《呂氏春秋新校釋》，上海：上海古籍出版社，2002 年 4 月。

4. 〔戰國〕荀況，王天海校釋，《荀子校釋》，上海：上海古籍出版社，2005 年 12 月。

5. 〔戰國〕莊周著，張京華校注，《莊子注解》，長沙：岳麓書社，2008 年 5 月。

6. 〔漢〕衛宏撰，《漢舊儀》，臺北市：臺灣商務，民國 54～55 年。

7. 〔漢〕王逸章句，洪興祖補注，《楚辭章句》，臺北：五州出版社，民國 59 年 10 月。

8. 〔漢〕劉熙，《釋名》，叢書集初編，北京：商務印書館，1939 年。

9. 〔漢〕劉向編，吳則虞集釋，《晏子春秋集釋》，北京：中華書局，1962 年 1 月。

10. 〔漢〕司馬遷，楊家駱主編，《史記》，新校本史記三家注並附編二種二，臺北：鼎文書局，1979 年 2 月。

11. 〔漢〕班固，〔唐〕顏師古注，楊家駱主編，《漢書》，新校本漢書集注並附編二種，臺北：鼎文書局，1979 年 2 月。

12. 〔漢〕許慎，〔清〕段玉裁注，《說文解字注》，上海：上海古籍出版社，1981 年 10 月。

13. 〔漢〕劉向，李華年譯注，《新序》，臺北：臺灣古籍出版社，1997 年 10 月。

14. 〔漢〕戴德，方向東集解，《大戴禮記彙校集解》，北京：中華書局，2008 年 7 月。

15. 〔漢〕劉向編，黃靈庚集校，《楚辭集校》，上海：上海古籍出版社，2009 年 11 月。

16. 〔漢〕桓寬，徐德培釋，《鹽鐵論集釋》，臺中：文聽閣圖書有限公司，2010 年 5 月。

17. 〔漢〕劉安著，陳廣忠譯注，《淮南子》，北京：中華書局，2012 年 1 月。

18. 〔晉〕王嘉撰，石磊注譯，《拾遺記》，臺北：三民書局出版，2012 年 1 月。

19. 〔晉〕葛洪，王明著，《抱朴子內篇校釋》，北京：中華書局出版，1985 年 3 月二版。

20. 〔唐〕元稹撰，冀勤點校，《元稹集》，北京：中華書局，1982 年 8 月。

21. 〔唐〕李吉甫，賀次君點校，《元和郡縣圖志》，北京：中華書局，1983 年 6 月。

22. 〔宋〕朱熹，《楚辭集注》，臺北：國立中央圖書館善本叢刊，民國 80 年 2 月。

23. 〔宋〕朱熹注，《易經讀本》，臺北：學海出版社，民國 100 年 9 月。

24. 〔宋〕洪興祖撰，白化文等點校，《楚辭補注》，北京：中華書局，1983 年 3 月。

25. 〔宋〕李昉等撰，《太平御覽》，北京：中華書局，2006 年 6 月重印。

26. 〔清〕顧炎武撰，王雲五主編，《天下郡國利病書》，臺北：臺灣商務印書館發行，上海涵芳樓景印崑山圖書館藏稿本，民國 70 年。

27. 〔清〕阮元等輯，《經籍纂詁》，臺北市：泰順出版社，出版年月不詳。

28. 〔清〕陳立疏證，《白虎通疏證》，光緒元年春，淮南書局刊，臺北：廣文書局印行，民國 101 年 3 月。

29. 袁珂校譯，《山海經校譯》，上海：上海古籍出版社，1985 年 9 月。

30. 程俊英、蔣見元著，《詩經注析》，北京：中華書局，1991 年 10 月。

二、考古資料

1. 中國社會科學院考古研究所編輯，《滿城漢墓發掘報告》，北京：文物出版社，1980 年。

2. 北京市文物研究所，《琉璃河西周燕國墓地》，1995 年 7 月。

3. 河南省文物研究所，《信陽楚墓》，北京：文物出版社，1986 年 3 月。

4. 河南省文物研究所，《淅川下寺春秋楚墓》，北京：文物出版社，1991 年 10 月。

5. 河南省文物考古研究所，《三門峽虢國女貴族墓出土玉器精粹》，臺北市：眾志美術社出版，2002 年 3 月。

6. 湖北省博物館編，《曾侯乙墓》，北京：文物出版社，1989 年 7 月。

7. 湖北省宜昌地區博物館等，《當陽趙家湖楚墓》，北京：文物出版社，1992 年。

8. 湖南省博物館等編，《長沙楚墓》，北京：文物出版社，2007 年 3 月。

9. 廣州市文物管理委員會等編輯，《西漢南越王墓》，北京：文物出版社，1991 年 10 月。

10. 山東省文物考古研究所，〈山東濟陽劉台子西周六號墓清理報告〉，刊《文物》，1996 年 12 期，頁 16～23。

11. 安徽省文物工作隊，〈安徽長豐楊公發掘九座戰國墓〉，刊《考古學集刊》，第 2 輯，頁 47～60。

12. 武漢市考古隊等，〈武漢市漢陽縣熊家嶺楚墓〉，刊《考古》，1988 年 12 期，總頁 1099～1108。

13. 南陽市文物研究所，〈桐柏月河一號春秋墓發掘簡報〉，刊《中原文物》，1997 年 4 期，頁 8～23。

14. 陝西周原考古隊，〈陝西歧山鳳雛村發現周初甲骨文〉，刊《文物》，1979 年 10 期，頁 38～43。

15. 湖北省文物考古研究所，〈湖北隨州市擂鼓墩墓群的勘查與試掘〉，刊《考古》，2003 年 9 期，頁 25～32。

16. 湖北省博物館、隨州市博物館，〈湖北隨州擂鼓墩二號墓發掘簡報〉，刊《文物》，1985 年 1 期，頁 16～36。

17. 湖北省考古研究所，〈湖北隨州葉家山西周墓地發掘簡報〉，刊《文物》，2011 年第 11 期，頁 4～60。

18. 湖北省文物考古研究所等，〈湖北襄樊真武山周代遺址〉，刊《考古學集刊》第九輯，頁 138～161。

19. 德州區文化局文物組，〈山東濟陽劉台子溪州早期墓發掘簡報〉，刊《文物》，1981 年 9 期，頁 18～24。

20. 隨州市博物館，〈湖北隨縣安居出土青銅器〉，刊《文物》，1982 年第 12 期，頁 51～57。

21. 隨縣博物館，〈湖北隨縣城郊發現春秋墓葬和銅器〉，刊《文物》，1980

年第 1 期，頁 34〜37。

22. 隨州市博物館，〈隨州安居遺址初次調查簡報〉，刊《江漢考古》，1984
年第 4 期，頁 1〜7。

23. 隨州市博物館，〈湖北隨縣發現商周青銅器〉，刊《考古》，1984 年第 6
期，頁 510〜514。

三、專書

1. 丁山，《中國古代宗教與神話考》，南京：上海文藝出版社，1988 年。

2. 中國玉器全集編輯委員會編，《中國玉器全集》，河北：河北美術出版社，
1992 年。

3. 丹納，曹園英編譯，《藝術哲學》，北京：人民文學出版社，1963 年。

4. 光復書局企業股份有限公司編輯，《戰國地下樂宮：湖北隨縣曾侯乙墓》，
北京：文物出版社，1994 年。

5. 王玉德，《長江流域的巫文化》，武漢：湖北教育出版社，2005 年 11 月。

6. 王文浩、李紅，《戰國玉器》，北京：藍天出版社，2007 年 6 月。

7. 王祖龍，《楚美術觀念與形態》，成都：四川出版集團巴蜀書社，2008 年
10 月。

8. 白川靜氏原著，加地伸行、范月嬌譯，《中國古代文化》，臺北：文津出
版社，民國 72 年 5 月。

9. 古方主編，《東周出土玉器全集》，北京：科學出版社，2005 年 10 月。

10. 古方主編，《中國古玉器圖典》，北京：文物出版社，2007 年 3 月。

11. 江林昌，《楚辭與上古歷史文化研究——中國與古代太陽循環文化揭
秘》，濟南：齊魯書社出版，1998 年 5 月。

12. 巫鴻，《黃泉下的美術》，北京：三聯書店，2010 年 11 月。

13. 周策縱，《古巫醫與「六詩」考》，臺北：聯經出版社，民國 75 年 8 月。

14. 河南省考古學會編，《楚文化研究論文集》，河南：中州書畫社出版，1983
年 9 月。

15. 何星亮，《中國圖騰文化》，河北：中國社會科學出版社，1992 年。

16. 李宗侗，《中國古代社會史》，臺北：中華文化，民國 43 年。

17. 李添瑞，《巫及其與先秦文化之關係》，臺北：花木蘭出版社，2009 年 3
月。

18. 林河，《中國巫儺史》，廣州：花城出版社，2001 年 8 月。

19. 侯良，《西漢文明之光——長沙馬王堆漢墓》，長沙：湖南人民出版社，
2008 年 5 月。

20. 吳棠海,《認識古玉》,臺北:中華民國自然文化學會,1994 年 10 月。

21. 吳棠海,《中國古代玉器》北京:科學出版社,2012 年 4 月。

22. 范文瀾,《中國通史簡編》增訂本第一編,北京:人民出版社,1965 年 12 月。

23. 俞偉超,《先秦兩漢考古學論文集》,北京:文物出版社,1985 年。

24. 俞美霞,《戰國玉器研究》,臺北:南天書局有限公司,民國 84 年 8 月。

25. 夏鼐,《殷墟玉器》,北京:文物出版社,1982 年。

26. 馬薇廎,《薇廎甲骨文原》,雲林:馬輔刊行,民國 60。

27. 馬世之,《中原楚文化研究》,武漢:湖北教育出版社,1995 年。

28. 馬承源,《中國青銅器研究》,上海:上海古籍出版社,2002 年 12 月。

29. 胡平生、李天虹,《長江流域出土簡牘與研究》,武漢:湖北教育出版社, 2004 年 10 月。

30. 高至喜主編,《楚文物圖典》,武漢:湖北教育出版社,2000 年 1 月。

31. 荊州博物館館編,《荊州博物館館藏精品》,武漢:湖北美術出版社,2008 年。

32. 荊州博物館,《荊州楚玉——湖北荊州出土戰國時期楚國玉器》,北京: 文物出版社,2012 年 10 月。

33. 孫慶偉,《戰國玉器》,臺北:財團法人震旦文教基金會,民國 96 年 9 月。

34. 殷志強、丁邦均主編,《東周吳楚玉器》,臺北:藝術圖書公司,1993 年 11 月。

35. 唐蘭,《古文字學導論》,下編,濟南:齊魯書社,1981 年 1 月。

36. 容庚、張維持,《殷商青銅器通論》,北京:文物出版社,1984 年 10 月。

37. 郭德維,《楚系墓葬研究》,漢口:湖北教育出版社,1995 年 7 月。

38. 郭德維,《禮樂地宮——曾侯乙墓發掘親歷記》,成都:四川教育出版社, 1996 年,10 月。

39. 郭德維,《藏滿瑰寶的地宮——曾侯乙墓綜覽》,北京:文物出版社,1991 年 2 月。

40. 張光直,《中國青銅時代》(二),臺北:聯經出版社,民國 83 年 4 月二 刷。

41. 張正明,《楚文化史》,南京:上海人民出版社,1987 年。

42. 張正明,《楚史》,武漢:湖北教育出版社,1995 年。

43. 張學鋒,《中國墓葬史》(上),揚州:廣陵書社,2009 年,7 月。

44. 陳振裕,《楚文化與漆器研究》,北京:科學出版社,2003 年 7 月。

45. 許順湛,《中原遠古文化》,河南:河南人民出版社,1983 年。

46. 許道勝、李玲,《流光溢彩：楚國的漆器竹簡絲綢》,武漢：湖北教育出版社,2001 年 3 月。

47. 黑格爾,《美學》,卷二,臺北：商務印書館,1982 年。

48. 湖北省楚史研究會,《楚史研究專輯》,湖北：湖北省楚史研究會,1983 年。

49. 傅忠謨,《古玉精英》,香港：中華書局,1989 年。

50. 黃敬剛,《曾侯乙墓禮樂制度研究》,北京：人民出版社,2013 年 3 月。

51. 黃鳳春、黃婧,《楚器名物研究》,武漢：湖北教育出版社,2012 年 9 月。

52. 葉蕙蘭,《漢代玉器的楚式遺風──楚式玉器的「紋」、「型」特徵分析》,私立東海大學中國文學系博士論文,民國 94 年 6 月。

53. 楊寶成、黃錫全,《湖北考古發現與研究》,武昌：武漢大學出版社,1995 年。

54. 楊權喜,《楚文化》,北京：文物出版社,2000 年 10 月。

55. 楊建芳,《長江流域玉文化》,武漢：湖北教育出版社,2006 年 6 月。

56. 熊傳新,《楚國・楚人・楚文化》,臺北：藝術家出版社,2001 年 11 月。

57. 盧兆蔭,《玉振金聲──玉器・金銀器考古學研究》,北京：科學出版社,2007 年 7 月。

58. 鄧淑蘋主編,《敬天格物──中國歷代玉器導讀》,臺北：國立故宮博物院,民國 102 年 2 月。

59. 劉信芳,《楚系簡帛釋例》,安徽：安徽大學出版社,2011 年 12 月。

60. 魯迅,《漢文學史綱》,上海：上海古籍初版社,2005 年 8 月。

61. 蕭兵,《楚辭與神話》,江蘇：江蘇古籍出版社,1987 年 4 月。

62. 蕭冰,《楚文化與美學》,臺北：文津出版社,2000 年。

63. 羅振玉,《殷墟書契後編二卷》,臺北：藝文出版社,民國 47 年,據民國十六年東方學會石印本影印。

64. 羅振玉,《殷墟書契考釋三卷》,臺北：藝文出版社,民國 47 年,據民國十六年東方學會石印本影印。

65. 譚維四,《曾侯乙墓》,北京：文物出版社,2009 年 4 月一版三刷。

66. 蘇秉琦,《蘇秉琦考古學論述選集》,北京：文物出版社,1984 年。

四、期刊論文

1. 凡艷飛,〈試析《楚辭》巫文化形成的地域文化背景〉,刊《劍南文學》,四川：四川錦陽市文聯,2011 年第 7 期,頁 345～347。

2. 王政,〈楚巫文化中的審美意識〉,刊上海市社會科學界聯合會,《學術月

刊》，1998 年第 10 期，頁 50～55。

3. 尤仁德，〈戰國漢代玉雕螭紋的造型與紋飾研究〉，刊《文物》，1986 年 9 期，頁 69～76。

4. 尤仁德，〈兩周玉雕龍紋的造型與紋飾研究〉，刊《文物》，1982 年第 7 期，頁 70～75。

5. 方殷，〈隨州西花園、廟台子遺址發掘簡述〉，刊《江漢考古》，1984 年第 3 期，頁 12～13。

6. 石泉，〈古代曾國——隨國地望初探〉，刊《武漢大學學報》，1979 年 1 期，頁 59～80。

7. 田海峰，〈湖北棗陽又發現曾國銅器〉，刊《江漢考古》，1983 年第 3 期，頁 101～103

8. 朱俊明，〈楚人拜日說〉，刊《求索》，長沙：求索雜誌社，1986 年 1 期，頁 98～102。

9. 曲石，〈楚玉研究〉，刊《江漢考古》，1990 年 3 期，頁 63～6。

10. 江鴻，〈盤龍城與商朝的南土〉，刊《文物》，1976 年第 2 期，頁 42～46。

11. 江榮宗，〈從「江蘇南京仙鶴觀東晉墓」出土之心形佩論玉韘、韘形佩之正明與型制演變〉，刊楊建芳師生古玉研究會編著，《玉文化論叢 1》，頁 238～247。

12. 李學勤〈曾國之謎〉，刊李學勤，《新出青銅器研究》，北京：文物出版社，1990 年，頁 146～150。

13. 李建，〈楚俗尚鬼淺釋〉，刊湖北省楚史研究會，《楚史研究專輯》，湖北：武漢師範學院學報編輯部，1983 年，頁 147～152。

14. 那志良，〈梳與帶鉤〉，刊《故宮文物月刊》，臺北市：國立故宮博物院，民國 76 年 4 月第 49 期，頁 134～137。

15. 何浩，〈從蔡、鄭「懼楚」看楚人北進中原的時間〉，刊《武漢師範大學學報》，1983 年第 2 期，頁 59～62。

16. 何浩，〈從曾器看隨史〉，刊《江漢考古》，1988 年第 4 期，頁 52～55。

17. 林巳奈夫，〈關於長江中下游青銅器的若干問題〉，刊馬承源主編，《吳越地區青銅器研究論文集》，香港：兩木出版社，1997 年，頁 107～124。

18. 吳永章，〈南方氏族虎圖騰遺俗淺說〉，刊《吉首大學學報》，1990 年 2 期，頁 77～80。

19. 吳凡，〈商至漢玉器紋飾的演變〉，刊《故宮文物月刊》，臺北市：國立故宮博物院，民國 80 年 2 月第 95 期，頁 24～37。

20. 吳凡，〈古玉裝飾性多線紋的演變〉，刊《故宮文物月刊》，臺北：國立故宮博物院，民國 80 年 11 月第 104 期，頁 72～81。

21. 吳凡，〈古玉同體紋飾的演變〉刊《故宮文物月刊》，臺北：國立故宮博物院，民國 80 年 6 月第 99 期，頁 38～49。

22. 吳榮曾，〈戰國、漢代的「操蛇神怪」及有關神話迷信的變異〉，刊《文物》，1989 年第 10 期，頁 46～52。

23. 姚政〈古曾國考〉，刊《西華師範大學學報》，1980 年 4 期，頁 63～72。

24. 范立舟，〈伏羲、女媧神話與中國古老蛇崇拜〉，刊《煙臺大學學報》，山東：煙臺大學，哲學社會科學版，2002 年 4 期，頁 455～458。

25. 范常喜〈「曾姬無卹壺」器銘補說〉，刊《東方文物》，2007 年 1 期，頁 84～85。

26. 馬世之，〈關於楚族的族源及其發祥地〉，刊《江漢論壇》，1983 年 11 期，頁 63～67。

27. 殷滌非、羅長銘，〈壽縣出土的「鄂君啓金節」〉，刊《文物》，1958 年 4 期，頁 8～11。

28. 院文清，〈長江文化中楚文化之形成與發展〉，刊南京博物院主編，《東南文化》，1991 年第 6 期，頁 7～11。

29. 唐朝暉，〈千古畫迷——再探曾侯乙墓漆畫〉，刊中國藝術研究院，《藝術評論》，2008 年 11 期，頁 95～97。

30. 夏鼐，〈漢代玉器——漢代玉器中傳統的延續與變化〉，刊《考古》，1983 年第 2 期，頁 125～145。

31. 徐揚杰，〈關於曾侯問題的一點看法〉，刊《江漢論壇》，武漢：湖北省社會科學院，1979 年，第 3 期，頁 74～79。

32. 徐少華，〈曾即隨其歷史淵源〉，刊江漢論壇編輯部，《江漢論壇》，1986 年，第 4 期，頁 71～75。

33. 曹東海，〈楚簡文字的書法藝術特點及其成因〉，刊《深圳信息職業技術學院學報》，2011 年 12 月，第 9 卷第 4 期，頁 70～75。

34. 陳必林，〈擂鼓墩〉，刊湖北省政協文史和學習委員會，《湖北文史》，湖北：湖北人民出版社，1997 年 3 期，頁 352～358。

35. 陳代興，〈先楚民族圖騰信仰考辯〉，刊《咸寧師專學報》，1990 年 4 期，頁 72～75。

36. 陳金剛、李倩，〈楚辭、漢賦中巫之稱謂及巫風盛行原因〉，刊《江漢論壇》，2007 年 12 期，頁 55～59。

37. 陳春，〈「對開同型」玉珮初探〉，刊《東方博物》，第四十輯，浙江：浙江省博物館，2011 年 3 月，頁 67～72。

38. 郭立新，〈東周玉器的分期〉，刊《中原文物》，1998 年 3 期，頁 48～57。

39. 郭德維，〈曾侯乙墓的玉器〉，刊《收藏家》，北京：北京市文物局，2001

年 12 期，頁 28～31。

40. 郭德維，〈曾侯乙墓墓主內棺花紋圖案略析〉，刊《江漢考古》，1989 年 2 期，頁 74～94。

41. 張正明，〈楚墓與楚文化〉，刊中原文物雜誌編輯部，《中原文物》，河南：河南博物院，1989 年第 2 期，頁 37～40。

42. 張正明，〈巫、道、騷與藝術〉，刊《楚文藝論集》，湖北：湖北美術出版社，1991 年 12 月，頁 1～16。

43. 張昌平，〈曾國青銅器簡論〉，刊《考古》，2008 年第 1 期，頁 83。

44. 張昌平，〈曾侯乙、曾侯鉠和曾侯有〉，刊《江漢考古》，2009 年 1 期，頁 92～99。

45. 張昌平，〈關於擂鼓墩墓群〉，刊，《江漢考古》，2007 年 1 期，頁 80～91。

46. 張玉、李國安，〈中國古代玉殮葬現象研究〉，刊徐州博物館，《徐州工程學院學報》，社會科學版，江蘇：徐州工程學院，2002 年 12 月，頁 35～36。

47. 舒之梅、劉彬徽，〈論漢東曾國為土著姬姓隨國〉，刊《江漢論壇》，1982 年第 1 期，頁 72～77。

48. 舒之梅、吳永章，〈從楚的歷史發展看楚與中原地區的關係〉，刊《江漢論壇》，1980 年 1 月，頁 65～70。

49. 裘錫圭，〈談談隨縣曾侯乙墓的文字資料〉，刊《文物》，北京：文物出版社，1979 年，7 月 7 期，頁 25～31

50. 曾昭岷、李瑾，〈隨縣擂鼓墩一號墓年代、國別問題當議〉刊《武漢師範學院學報》，武漢：武漢師範學院學報編輯部，1979 年 4 期，頁 91～95。

51. 童忠良，〈楚文化與曾侯乙編鐘樂律〉，刊《湖北社會科學》，武漢：湖北社會科學雜誌社，1989 年，第 12 期，頁 76。

52. 黃曉芬，〈變革期的楚墓——埋葬設施的開通思想及其實踐〉，刊高崇文、安田喜憲主編，《長江流域青銅文化研究》，北京：科學出版社出版 2002 年 3 月，頁 226～247。

53. 黃敬剛，〈曾侯乙墓椁室形制與宗周禮樂制度〉，刊《武漢大學學報》，武漢：武漢大學期刊社，1962 年，頁 114～119。

54. 黃敬剛，〈湖北隨縣新發現古代青銅器〉，刊《考古》，1982 年第 2 期，頁 139～140。

55. 黃建淳，〈玉韘的演變〉，刊淡江史學編輯委員會，《淡江史學》，2007 年 9 月第 18 期，頁 1～20。

56. 黃建淳，〈略論漢代葬玉的觀念〉，刊淡江史學編輯委員會《淡江史學》，2008 年 9 月第 19 期，頁 1～17。

57. 黃建淳，〈試析春秋戰國貴玉賤珉的玉文化〉，刊淡江史學編輯委員會，《淡江史學》，2012 年 9 月第 24 期，頁 1～26。

58. 黃建淳，〈漢代辟邪神獸的玉文化〉，刊淡江史學編輯委員會，《淡江史學》2013 年 9 月第 25 期，頁 25～50。

59. 黃建淳，〈一件漢代玉卮的考察〉，刊淡江史學編輯委員會，《淡江史學》第 26 期，出版中。

60. 黃建淳，〈宣揚華人文化促進族群融合：以一件中華玉器的解析爲例〉，刊《開拓僑民與華語文教育新境界》，臺北：中華民國海外華人研究學會，2010 年 12 月，頁 109。

61. 黃宏，〈漢人崇熊〉，刊《雕塑 Sculpture》，北京：中國工藝美術學會，頁 26～29。

62. 貫峨，〈關於春秋戰國時代玉器三個問題的討論〉，刊鄧聰主編，《東亞玉器》香港：中國考古藝術研究中心，1998 年，頁 66～85。

63. 葛志毅，〈楚君熊氏發覆〉，刊《煙台師範學院學報》，1996 年 2 期，頁 1～8。

64. 葛志毅，〈先秦圖騰信仰與楚君熊氏之關聯〉，刊社學科學戰線雜誌編輯部，《社會科學戰線》，1995 年 6 期，頁 130～135。

65. 萬全文，〈楚國的青銅鑄造技術與裝飾工藝〉，刊政協湖北省委員會，《世紀行》，2007 年 12 期，頁 21～22。

66. 楊範中，〈略論春秋初年的楚、隨戰爭〉，刊《江漢論壇》，1986 年第 4 期，頁 76～80。

67. 楊權喜，〈試論揚越對楚文明的貢獻〉，刊彭適凡主編，《百越民族研究》，江西教育出版社，1990 年 7 月，頁 108～119。

68. 楊伯達，〈中國古玉研究雛議五題〉，刊《文物》，1986 年第 9 期，頁 64～68。

69. 楊伯達，〈中國古代玉器發展歷程〉，刊楊伯達，《古玉考》，香港：徐氏藝術基金出版，1992 年，頁 22～36。

70. 楊伯達，〈玉器的時代風格鑑定〉，刊《海峽兩岸古玉學會議論文集》，臺北：國立臺灣大學出版委員會，2001 年 9 月，頁 91～98。

71. 楊建芳，〈楚式玉龍珮〉（上），刊《中國古玉研究論學》（下），臺北：眾志出版社，2001 年，頁 10～29。

72. 楊建芳，〈楚式玉龍珮〉（下），刊《中國古玉研究論文集》（下），臺北：眾志出版社，2001 年，頁 30～64。

73. 楊建芳，〈楚式玉器的特點〉，刊楊建芳師生古玉研究會編著，《玉文化論叢 1》，北京：文物出版社，2006 年 7 月出版，頁 102～165。

74. 楊建芳，〈龍紋、渦紋、穀紋、蒲紋、乳丁紋——東周玉器主要紋飾的演

變及定名，兼論《周禮》成書年代〉，刊楊建芳，《中國古玉研究論文集》
（下），臺北：眾志美術出版社，2001 年 9 月出版，頁 65～79。

75. 楊建芳，〈戰國早期玉器——中國古玉斷代研究之五〉，刊楊建芳，《中國
古玉研究論文集》（下），頁 80～100。

76. 楊建芳，〈雲雷文的起源、演變與傳播——兼論中國古代南方的蛇崇拜〉，
刊楊建芳，《文物》，2012 年 3 期，頁 31～40。

77. 楊建芳，〈戰國玉龍珮分期研究——兼論隨縣曾侯乙墓年代〉，刊楊建芳，
《中國古玉研究論文集》（下），頁 101～105。

78. 楊美莉，〈漢代文物展玉器拾萃〉，刊《故宮文物月刊》，臺北：國立故宮
博物院，民國 88 年 9 月第 198 期，頁 82～101

79. 楊美莉，〈漢代文物展中一件表現儺禮的玉雕〉，刊《故宮文物月刊》，臺
北：國立故宮博物院，民國 89 年 1 月第 202 期，頁 72～85

80. 楊美莉講述，〈紅山文化及良渚文化的玉器〉，刊《大墩文化》，臺中：臺
中市政府出版，民國 88 年 11 月，頁 49～54。

81. 楊偉，〈論楚裝飾藝術構成圖式〉，刊中國美術出版社，《美術之友》，2008
年 5 月，頁 18～19。

82. 賈嘉，〈東周玉雕的南北差異〉，刊北京市文化部編輯，《藝術市場 Art
Market》，2009 年 7 期，頁 58～59。

83. 甌燕，〈戰國時期的墓葬〉，刊《北方文物》，哈爾濱：北方文物雜誌社，
1989 年 3 期，頁 29～35。

84. 廖泱修，〈試析戰國楚式「玉瓶形飾」擺置方向與正名——兼論「花朵形
紋」的由來與演變〉，刊《國父紀念館館刊》，1993 年 11 期，頁 175～186。

85. 廖泱修，〈從雙鳳紋至柿蒂紋〉，刊《故宮文物月刊》，2004 年 12 月第 261
期，頁 74～103。

86. 鄭小萍，〈曾侯乙墓出土「十六節龍鳳玉掛飾」製作工藝探索〉，刊《江
漢考古》，200 年第 3 期，頁 72～76。

87. 鄧淑蘋，〈百年來的古玉研究的回顧與展望〉，刊宋文薰主編，《考古與歷
史文化：慶祝高去尋先生八十大壽論文集（上）》，臺北：正中書局，1981
年 6 月，頁 254～261。

88. 鄧淑蘋，〈從漢代玉璧論璧在中國文化史上的意義〉，刊國立故宮博物院，
《故宮學術季刊》，臺北市：國立故宮博物院，民國 102 年 3 月第 3 期，
頁 1～43。

89. 鄧淑蘋，〈遺珍集錦——（三）鳥紋及鳥與龍組合花紋的古玉〉，刊《國
立故宮文物月刊》，臺北市：國立故宮博物院，民國 79 年 10 月第 91 期，
頁 80～91。

90. 錢林書，〈曾國之謎試探〉，刊《復旦大學學報》，上海：復旦大學出版社，

1980 年，第 3 期，頁 84～88。

91. 錢伯泉，〈關於曾侯乙墓楚鑄銘文考釋的商榷——兼談曾侯乙墓的絕對年代〉，刊《江漢考古》，1984 年 4 期，頁 93～94。

92. 劉玉堂，〈試論楚文化對越文化的吸收〉，刊彭適凡主編，《百越民族研究》，頁 281～293。

93. 劉咏清，〈楚繡「鳳搏龍虎」紋之文化意涵〉，刊《裝飾 ART&DESIGN》，北京：清華大學，2005 年 7 月總第 147 期，頁 36～37。

94. 劉彬徽，〈周代曾國國君及其宗族的青銅器〉，刊孫啓元主編，《中國文物世界》，193 期，頁 110～124。

95. 劉敦愿，〈試論中國古代的鷹崇拜〉，刊《國立故宮文物月刊》，民國 81 年 10 月第 115 期，頁 110～129。

96. 顧鐵符，〈隨縣曾侯乙墓無隧解〉刊《考古與文物》，陝西：陝西人民出版社，1980 年 1 期，頁 86～87。

97. 顧鐵符，〈隨縣戰國墓幾件文物器名商榷〉，刊《中國文物》，北京：文物出版社，1980 年 3 月，第 2 期，頁 28～29。

98. 顧鐵符，〈隨國、曾侯的祕奧〉，刊湖北省社會科學院歷史研究所編，《楚文化新探》，漢口：湖北人民出版社，1981 年 9 月，頁 68～90。

99. 龔維眞，〈楚族虎圖騰崇拜源流淺探〉，刊《民族論壇》，1987 年 1 期，頁 66～73。

100. 龐瑾，〈靈魂的包裝——曾侯乙墓棺內漆畫圖像的解讀〉，刊《南京藝術學院學報》，美術與設計版，2008 年 2 期，頁 85～88。